南北 著

放下

去繁就簡的人生

紫薇樹下

——《放下》自序

1

現在是下午時分。我坐在慶慧庵歇山頂式山門的二樓書案前，正對著觀音殿。太陽已經偏斜下來，透過那棵據說明代栽植的紫薇樹枝葉，將斑駁的陽光灑在書案上，我臉上和面前的筆記本電腦上。

兩隻松鼠，從庵外黃煙樹伸出的枝幹跳上大殿屋頂，沿著屋脊迅速奔跑了一段距離後，跳到紫薇樹上。然後，頭朝下沿著光滑的紫薇樹幹，下到「施食台」上。那裏的一個瓦缽裏，盛著為鳥兒和它們準備的飯食。

庵門被風推搡著，發出一陣吱吱嘎嘎的聲響。但這並不影響松鼠的進食。大概它們已經習慣了這樣的聲音。而且此時，兩隻野鴿子也飛來施食臺上湊趣，與松鼠發生了一點小小的衝突。

在庵院只有我一個人的時候，我會坐在二樓的木欄邊，細心而長久地觀察這些細微的事情。

2

不過，我不是這座半山之間庵院的主人，而只是一個過客。但我與這座庵院的住持僧，是有著佛緣的朋友。

在距離這座庵院百米的茶馬古道邊，我租了一塊坡地，在那裏建築一座「現代禪詩院」，作為現代禪詩這一「當代先鋒詩歌流派」的研究和交流場所。因為這樣的一個因緣，我在慶慧庵住了下來。

詩與禪，是從什麼時候結合到一起的呢？準確的源頭難以考證。但從現有的資料追尋，可以知道晉代的謝靈運、陶淵明等，已經在探索實踐這樣的一條道路了。而到了唐代，則達到了一個高峰，王維、白居易等名家輩出。

至於現代詩歌與禪的結合，則是最近幾十年的事情。因為中國現代詩的寫作，也還不足百年。而準確提出現代禪詩的概念，進行有計劃的藝術探索和創作實踐，並進行系列的理論探討活動，則是現代禪詩研究會二〇〇七年成立前後的事情。

故而，沙溪，茶馬古道，慶慧庵，現代禪詩院，將是一些在今後歲月中必定被聯繫到一起的名詞。

3

現在要說到《放下》一書。

我在慶慧庵住，督建現代禪詩院。一日，一位從大理來此旅遊的臺灣朋友來訪，看到我在大陸出的兩本書。於是談起寫作和出版的話題。我詢問臺灣出版業的情況，他向我做了簡略介紹，並說，你可以把你的書稿發去臺灣的出版社試試。這些年，大陸這邊在臺灣出書的作家不少，有的還成績頗佳。

又通過網路與在台出過書的文友聊天交流，於是就有了與「秀威」的合作，有了《放下》這本書。

對於我，這是寫作和書籍出版生涯中的一個新嘗試，新路徑。沒有哪個作家，不願自己的作品為更多讀者所瞭解，所接受。何況，臺灣，是保留中華文化最好的地方。

《放下》這本書裏的文章，各篇之間有的在寫作時間上跨度有十數年之久，是我旅居開封、鄭州、成都、黃山、上海、昆明等不同地方時的寫作。所以，細心的讀者，或許能在文章的字裏行間，辯察出其間的不同。

寫作，行走，禪思，這是我十多年生活的基本內容。當你有緣讀到這些文字時，你就見到了在人生路上，一個獨自行走者的趔趄身影。

我還不是真正的覺者，而僅僅是一個不斷尋求解脫之路的行者。

南北

二〇一二年八月三十日，沙溪慶慧庵

目次

第二輯　一尺多寬的陽光

第三輯　我與這個世界

第一輯

去繁就簡的人生

一本放生書

一般情況下，我是拒絕遊戲的。但這個遊戲在我看來，不僅有意思，而且是愛，是善，是有益於人，也有益於己的。所以，我決定按照指尖規定的遊戲規則來進行，成為這個遊戲中的一環。

傍晚的時候，百花潭公園很靜。青竹幽潭，碧秋白雲。我來到公園裡臨近江邊的石凳前，將手中的「放生書」小心放下。我在這裡遇到它，今天又把它送回來。

這是它的第五次被「放生」。我將書放下後，走到相距幾十米遠的江邊石欄上坐下，眼睛卻瞄著石凳的方向。我想看看帶走它的又會是誰，是男是女，是老還是少……但天色慢慢就黑了，它還安靜地躺在那兒。一對戀人從石凳邊走過，但沒向石凳看一眼。

一週前，也是傍晚，我來這裡散步，在這石凳上看到了這本書。它就和現在一樣躺在一個塑膠袋子裡。我當時認為一定是哪個粗心的人遺忘在這裡的，但等到了天黑也沒人來找，就將它撿了起來。路燈下我看到，這書的名字是《愛的禪意書》，封面上有一個貼上去的紙條，寫著：打開吧，也許正是你需要的。

不管是否需要，我都要打開看看。書的扉頁上同樣貼著紙條：這是一本「放生書」。我從書中得到了足夠的東西。我不想獨享，現在我將它分給你。在「天涯虛擬社區」的「閑閒書話」裡，我為它開了一個貼，你如果有話要說，就到那裡去吧。

書的內容，是一個叫元陽的人，在講一些禪理的人生故事。

我當晚就進入天涯社區網站，找到了閑閒書話版，在裡面果然看到了一則標題為「一本放生書」的帖子。

那帖子的作者叫「指尖上的風暴」。呵呵，看來，這是個時常和鍵盤過不去的人。我馬上又去查「指尖」的註冊檔案。女性，未婚，成都……

帖子中，指尖千叮嚀萬囑咐地，讓撿到書的人，一定要讓它再次回到百花潭，回到石凳上。說誰要是不遵守遊戲規則，就提名他（她）獲老年癡呆獎……呵呵，小姑娘真會擺，連誘惑帶嚇唬的。不過，我喜歡。畢竟，新生事物啊，善愛交集呵。我當即回帖（可以想像，我已是第一〇〇九個回帖者了），說我是第五代傳人，我保證不讓這個遊戲在我這裡中斷。

嘟的一聲，手機上有人發簡訊過來。看看，是海南的揮揮，說你答應的稿子什麼時候給我？後天我的版要用呢。我回說，今晚就發給你，絕對的一個好故事。

時間已經是下午八點五十六分，我得走了。石凳上的放生書，就讓它自己待在這裡吧，讓它等待那個有緣帶走它的人。

放生一本書，就像放飛一隻鳥，一尾魚。那是放飛者破除了自私的獨佔欲之後的行動。是愛，是善。一本書的道路，也會像一隻鳥一尾魚，終有結束的一天。但一個美好的故事，借助了自身的因緣，又借助了網路E路，卻會沒完沒了地流傳下去的。

去繁就簡的人生

小時候，一個夏秋相交的午後，家門口的一棵柿子樹被一場罕見的大風攔腰吹斷了。那棵樹枝繁葉茂，果實累累，每年都給我們並不富裕的家庭帶來一筆可觀的收入，所以很是讓人心痛。我當時少不更事，便問正在對樹嘆息的祖父，冬天風也好大啊，還那麼冷，它怎麼就沒被吹斷呢？祖父說，這樹毀就毀在了結果太多，枝葉太旺，招風啊。我當時聽得似懂非懂，並不完全明白祖父話中的意思。

隨著年齡的增長，經歷的事情漸多，才慢慢體會到祖父話中的意味。柿子樹在夏秋之際的斷折，是因為它在最為繁華的時節，背負了太多的沉重，就像英雄往往魂斷於盛年。而在深秋或寒冬，華葉落盡，果實卸下，生命開始簡單而平靜，再面對風雪雨霜的襲擊時，就顯得無畏無懼，寧靜泰然了。

在人的一生中，也會有許多的追求，許多的憧憬。追求真理，追求理想的生活，追求刻骨銘心的愛情，追求金錢，追求名譽和地位。有追求就會有收穫，我們會在不知不覺中擁有很多。有些是我們必須的，而有些卻是完全用不上的。那些用不上的東西，除了滿足我們的虛榮心外，最大的可能，就是成為我們的一種負擔。

古人有一句話叫作「大道至簡」，用今天的話來說，就是「越是真理的就越是簡單的」。的確，古往今來，那些真正健康長壽的人，那些人格高尚，具有愛心，在事業上有所建樹，給人類社會留下精神財富的人，無不生活簡樸，思想單純專一。在世人眼裡，他們看起來也許並不怎麼聰明，甚至是有些傻裡傻氣。實際上他們只不過是大智若愚，自覺淘汰掉了對於他們來說多餘的東西罷了。

智者的簡單，並非因為貧乏或缺少內容，而是繁華過後的一種覺悟，是一種去繁就簡的境界。

著名的美籍華裔數學家陳省身先生有一個很有趣的「數學人生法則」，說數學的一個重要作用就是九九歸一，化繁為簡。在人生的過程中，往往越是單純專一的人，就越是容易在某一方面取得成功；而那些想法很多，在許多方面都行，都一試身手的人，則往往終其一生而無所作為。人生有限，在有限的人生中，你不可能做得太多，所以只能有選擇、有方向地去努力。

一個心中有堅定信念的人，一個有明確目標的人，他會心無旁騖，並善於將可能引起憂思苦惱及妨礙行進的事物丟棄掉，不讓它干擾自己的身心和腳步。現在許多人都在使用電腦，無論工作或娛樂，都很方便快捷。但使用電腦的人也都知道，硬碟裡安裝的軟體越多，電腦運行的速度就越慢；並且在電腦運行的過程中，還會有大量的垃圾檔不斷產生，若不及時清理掉，不僅僅會影響電腦的運行速度，還會造成死機甚至整個系統的癱瘓。所以，你就必須定期地刪除多餘的軟體，清理掉那些無用的垃圾檔，這樣才能保證電腦的健康運轉。人的身心何嘗不是這樣，你要想在生活中健康有力地向前走，就不能背負太多無用的東西，要學會清理和放棄。

簡單的過程是一個覺悟的過程。大道至簡，健康的人生就是一個不斷進行簡化的人生。簡單使人寧靜，寧靜使人快樂，而快樂不就是我們追求的終極目標麼。

世界上，沒有哪一件事情可以從頭再來

在我們的身邊，在我們的生活中，總是能聽到這樣的請求：再給我一次機會吧，讓我們重新開始，從頭再來。

然而，世界上真的有哪一件事情可以重新開始，從頭再來嗎？儘管我們每個人或許都會真心原諒那些曾經犯了錯誤並願意改正的人，儘管我們每個人都可能接受一種「浪子回頭金不換」的說法，但是事實卻無情地證明著，世界上沒有哪一件事情可以從頭再來，也無法重新開始。

比如說你要建一座房子，由於你的粗心或不負責，把房子建壞了，必須拆了再建。那麼，你重建的房子和你原先建壞拆去的房子，還是同一座房子嗎？當然不是，即便是你建得比原來的好也不是了。也就是說，建築者以前的錯誤作為一種錯誤，將永遠存在。拆掉了因錯誤建壞的房子，並不能消滅錯誤。所謂改正，只是在一個新的過程中，不再出錯，並不能絲毫減輕原來錯誤所造成的損害。

這樣的例子如果出現在人們的感情生活中，通常是戀愛或婚姻的一方有了過錯，而又不想即刻結束雙方的關係，有過錯的一方在自我反省和懺悔之後，往往會對沒有過錯的一方說：讓我們忘記過去，從頭再來，好嗎？然而，感情又不同於房子這類物質的東西，想拆掉就可以拆掉，想抹去就可以抹去。感情是有記憶和延續性的。一份感情的所謂重新開始，從頭再來，有點像走路，在這一段出了問題，坐下來回顧一下，進行一些討論，然後再向前走。這只是在出了錯的地方向前走，繼續後面的路程；只是暫時將傷口掩蓋起來，但只要稍一碰觸，就會疼痛，流出血來。

兩隻腳不能同時踏進同一條河流，就是說這一刻的河流不會是下一刻的河流了。不管這中間相隔的時間多麼短，哪怕是一秒鐘，河流也已改變。所以兩隻腳無論如何都是無法踏進同一條河流的。要想兩隻腳同時進入同一條河流，我想只有雙腳併攏跳進去。這就是事物的不可重複性，它來自於時間的不可重複性。在時間中發生的一切，也都像時間本身一樣，具有了一去不復返的性質。這是殘酷的，但沒有人可以改變它。人們現在可以幻想在時光隧道中返回到過去，但在現實中卻辦不到。時間像一個碩大無比的容器，世界上沒有一件東西不被裝進這個容器裡，也沒有什麼可以不被它所規定，具有它的屬性，最終成為它的俘虜。

我們常說人生是一幅草稿，也是基於時間的不可重複性。生命就是造物賜給你的一個小過程，一小段時間。無論你在這段時間裡做了些什麼，也不管你滿意不滿意，你都只能接受，而不能修改。不論你權有多大，錢有多少，都無法在時間中後移半步。

世界上沒有哪一件事情可以重新開始，也無法從頭再來。你唯一能做的，就是從現在開始，儘量幹點自己喜歡的事情，儘量幹得好一些。而對於曾經的錯，就讓它永遠留在時間中吧。時間同時也是一把大掃帚，任何事情，無論我們認為好壞，都會被它毫不猶豫地打掃乾淨。所以，當事已發生，路已走過時，回頭看看是必要的，總結一下也是必要的，但不可留連，不可沉陷其中。

人生的兩種不同意見

樂觀與悲觀是一對孿生兄弟，他們共同生活在一個山寨裡。樂觀比悲觀早出生半個時辰，所以他是哥哥，悲觀是弟弟。

一天，父親讓他倆去一塊山中空地上各自建造一座房子。樂觀和悲觀都沒有建房子的經驗，但他們不能違背父親的命令，只好各自帶了工人和材料去施工。但是，當房子建到一半的時候，大雨下個不停，往往是他們剛剛砌起的牆，轉瞬間就被大雨沖毀了。一連許多天都是這樣。悲觀對哥哥樂觀說，我們不要建了吧，我們是註定沒法建成這房子的了，因為上天不允許我們啊！樂觀卻說，父親讓我們建房子，就一定有他的道理！我們的房子雖不斷被大雨破壞了，但我們又在不停地建，父親是不會責怪我們的。況且，我們只要堅持建造下去，房子就總有一天會建好的。他們的話被父親知道後，父親表揚了樂觀，對悲觀卻進行了嚴厲的申斥。父親說，我讓你們去建房子，就是要鍛煉你們的意志啊，想不到同樣的一件事情，你們竟是如此截然不同的兩種意見。

不久，樂觀和悲觀所在的山寨被附近山上的強盜圍困住了。強盜提出了令村人無法接受的苛刻條件：不但要獻出大量的金錢和糧食，還要他們獻出村中所有的少女，如不答應，寨破之後，就要血洗全村。他們的父親作為一寨之主，動員山寨中青壯男丁，不分白天黑夜地自衛防守，打退了強盜的一次又一次進攻。樂觀和悲觀也被編在防衛的隊伍中，並且作戰十分勇敢。但是，強盜不但人數眾多，而且十分強悍驍勇。傷亡一天天增加，村人的信心也在一點點喪失，有人甚至提出了投降的主張。寨主於是徵求村人的意見，也徵求自己兩個孿生兒子的意見。樂觀說，我們不能投降，我們只要堅持下去，就一定能戰勝強盜的。因為強盜是不義的，雖暫時強大，但不會有人幫助他們。而我們是正義的，一定會等來援軍，最後一定會勝利。悲觀的看法卻與樂觀相反，他雖也不同意投降強盜，但卻對取勝不抱希望。他說，強盜不但人多而且驍勇，我們根本不是他們的對手。強盜又封鎖了我們與外界的聯繫，無法向外界求援。況且，就是將信送了出去，也很難得到援助，因為每個山寨都怕得罪強盜而引火焚身。至於官府，他們中的許多人本來就跟強盜是一家的，互相利用互相勾結，更不能指望他們來救助了。我們不能投降，但可以與強盜談判，等待轉機。

樂觀與悲觀，分別代表了村人兩種不同的意見。寨主——也就是他們的父親，採納了樂觀的意見。只是，結果卻是悲慘的。他們失敗了，強盜攻進了山寨，對山寨進行了慘無人寰的血洗屠殺。樂觀在戰鬥中犧牲了，悲觀和他的父親及村中少女們，都被強盜劫上了山。強盜威逼父子倆入夥，否則就殺死他們。父子倆選擇了死亡。臨刑前，父親對悲觀說，孩子，我不應該對你的意見一概不聽，你有你的道理啊。可是，一切都晚了。

多年之後，強盜終於被剿滅。人們想起了這父子三人，為他們修了墳墓，把樂觀和悲觀的屍骨收在一個墓穴裡，葬在他們的父親墓邊。人們說，他們是一個父親的兒子啊，我們對他們應該同樣尊重，同樣紀念。

悲觀與樂觀，只是人對同一事物的不同意見而已，並無好壞對錯之分。他們既對立又統一。有時，人們應該持樂觀的態度，但悲觀者的意見，也並非全無道理。盲目的樂觀和無節制的悲觀，都會導致悲劇的發生。

花香與魚臭

曾經，有一群捕魚為業的人。一天，他們捕了很多魚，並運到集市上去賣，當魚賣完的時候，天已昏黑。他們急忙往家趕路時，卻又下起了大雨。他們想找家旅店投宿，但又無處尋找。這時，他們來到一家鮮花店前，請求店主將花店讓他們借宿一夜。花店主人本來怕他們滿身魚臭染壞了鮮花，欲拒絕，卻又不忍他們在外受風雨之苦，就勉強答應了，但條件是他們不能把魚網魚簍之類的東西帶入室內，免得弄壞了空氣。

花店裡到處擺放滿各種各樣的鮮花，滿室芬芳。夜裡，幾個捕魚的人卻輾轉反側，無法入眠。後來，他們一起分析原因，一個人說，一定是這些鮮花太過濃香了，所以才弄得我們失眠的。另一個就提議，我們還是把放在門外的魚簍搬進來吧，聞著魚的味兒，我們就可以入睡了。於是，幾個人一起動手，將門外的魚簍魚網搬進屋，放在身邊，屋內頓時充滿了魚的腥臭氣味。捕魚人聞到熟悉的氣味，倒頭酣睡起來，直到天亮……

近朱者赤，近墨者黑。在現實生活中，由於接觸到的人事和所處環境的不同，每個人都會不由自主地養成自己的習氣。而習氣一旦養成，要改變或糾正，就成為一件十分困難的事。美國作家傑克•倫敦在他的一部自傳體小說中就描寫他的主人公：曾是一位水手的他，在船上生活慣了，有一次受邀去一位新交的上流社會朋友家中做客，進了人家的客廳，他還以為是在甲板上，走起路來搖搖晃晃，東倒西歪，以至將人家客廳中擺設的花瓶都碰落在地。後來，他因為愛上了朋友的妹妹，才發誓改掉了自己的習氣，開始發憤讀書、寫作，最終成為美國的著名作家。

的確，一個人在沒有樹立起牢固的目標和堅定的信念之前，是極易為周圍環境所影響的，所以古人有「千金買鄰」的說法。現代的環境保護主義者更是利用一切機會提示人們，生存環境的優劣好壞，是多麼嚴重地影響到人們的生活質量、思想品質和文明程度，甚至影響到人類未來的生死存亡。

當你確立了自己的高尚目標之後，就要努力去尋找和培養高尚的環境，接近高尚的人。這樣，你才可以成就一份高尚的事業。

農夫和寶鏡

一個年輕的農夫正在田裡耕地，突然看到離他不遠的地方，有一團東西在閃閃發光，於是他丟下牛和犁，向那閃光的地方跑去。他想弄清那閃光的是什麼，是不是傳說中的寶鏡？但他來到閃光的地方時，那團閃光的東西沒有了。他四處找尋，發現那東西又在前面不遠的地方閃耀著，於是，他又追了過去……如此，年輕的農夫追逐著那團閃光的東西，不知不覺已追出了很遠。當太陽被一片烏雲遮住時，閃亮的光團消失了，他失望地往回走。可他到自己耕種的田頭一看，更讓他痛哭失聲，原來在他去追趕「寶鏡」的時候，他的牛和犁具都被人偷走了。

年輕的農夫萬分沮喪，天黑後回到家中，對父親講了自己的經歷。父親暴跳如雷，狠狠地痛罵他：「你是一個農夫，就該安心種地，而不是去追逐別的東西。現在，你沒有得到寶鏡，卻把牛和犁具也丟了，你真是個沒用的人。滾吧，不要再待在這個家中，去繼續追求你的寶鏡去吧！」

年輕的農夫準備離家出走，去尋找別的生活門路。這時他的母親走過來，一邊為他準備行裝，一邊對他說：「孩子，別難過。其實你並沒有錯呀。你如果得到了寶鏡，所有的人，包括你的父親，都會誇獎你，稱讚你的。現在，你雖然丟失了牛和犁具，又沒得到寶鏡，但並不能說寶鏡就不存在。孩子，去尋找吧。只要尋找，就會有希望的。」

同樣的一件事情，在不同的人眼中，卻有著不同的意義。很多人往往只看重事情的結果，而對動機和過程全然不顧。但有一點十分明白：所有的追求都會有結果，但並非所有的結果都會是成功。沒有夢想和追求的人，也許不會有大的痛苦也不會失去什麼，但他也永遠不會有激情的快樂和收穫的幸福。

自己做自己的觀音

我在南方時，認識了一位商人，他是做海上運輸生意的。經過幾年辛苦努力，他獲得了不小的成功。他不但置買了房產，娶了一個漂亮的妻子，還建立了自己的船隊。就在他躊躇滿志，想要大展宏圖的時候，不幸降臨了。在一次遠洋運輸途中，他的船隊遇到了一場罕見的海上風暴，在經過了一次又一次的殊死拼搏後，他的船隊還是被無情的大海吞沒了，只有他和幾名船員僥倖被路過的船隻救起，才算保住了性命。當時他想，無論如何，我還有房產和妻子，還有一個溫暖的家在等待著我。這樣想的時候，彷彿減輕了一些因失去船隊而引發的痛苦。但是，當他急急忙忙趕回家的時候，他看到的是一片廢墟。原來，幾乎就在他海上遇難的同時，他的家也被一場意外的大火化為了灰燼。他的嬌美的妻子，也在這場大火中喪生。

接踵而至的災難，使這位商人一病不起。他的一位好友將他接到了家中，請醫治療，又百般勸慰他。病漸漸好了，但他卻對什麼都失去了信心，幾乎成了一個廢人。一天，他在外面胡亂轉悠時，來到了一座寺院裡。突然，他的頭腦裡像閃電一樣劃過一道亮光。他早就聽人說，這座寺院裡的觀音菩薩很靈驗，有求必應。於是，他用朋友給他的零用錢，買了上好的香燭和供養，想求菩薩保佑他重建家業和事業。他走進大殿，看到有一個人正跪在觀音菩薩的座像面前，喃喃地祈訴著什麼。他和那人並排著跪了下去。他用目光掃了一眼那人，覺得好生熟悉。又仔細看了一眼，這一看不要緊，他一下呆住了。原來，跪在他身邊的不是別人，正是和蓮花寶座上跏趺而坐的塑像一模一樣的觀音菩薩！停了很久很久，他才從驚詫中清醒過來。他不明白，觀音菩薩怎麼會自己來求自己呢？於是，他試探著問，您是觀音菩薩嗎？那人說是。那……您怎麼會自己求自己呢？不是所有的人有事都來求您的嗎？您……怎麼會自己也來求自己了呢？商人有點語無倫次起來。觀音菩薩並不看他，只是對他說：不錯，世上的人有什麼事情都來求我，可是，我自己有了事兒又去求誰呢？就只好求我自己了啊。其實，你們向我請求幫助，也是在請求自己。因為我不可能滿足芸芸眾生的各種要求，我只能給你們每人兩樣相同的東西，那就是善心和信心。有的人把善心和信心帶回了家，於是，他如願以償，得到了想要的東西；而有的人卻把我給他的東西丟在了路上，於是，他就什麼也沒得到。

商人聽著觀音菩薩的話，如在夢中。等他剛想再問什麼時，看身邊的人，已不知什麼時候不見了。他如夢遊一樣起身，恍恍惚惚地向大殿外走，不提防一下子被高高的門檻絆了一跤，重重地跌出門外。在殿外明媚的陽光下，他終於完全清醒了過來。他也和觀音菩薩一樣喃喃自語道：對啊，我是應該帶著善心和信心回家的啊。不，是要把善心和信心珍藏在自己的心靈中……

十年之後，這位商人憑著時刻關愛他人的善心和獨立自主的堅強信心，終於重建了自己的海上運輸王國，規模是原來的幾十倍，他也理所當然地被業界擁為船王。

的確，人們在遭遇不幸和挫折的時候，是最容易意志崩潰和心灰意冷的。這時候，人們一般都像溺水的人一樣，希望得到外力的援助，卻很少想到自己是可以救自己的。但是，要想真正改變自己的命運，就必須先改變自己的內心，改變自己的思想和觀念，也就是要首先戰勝自己原來的那個自我，以一種全新的面貌上路。

世上本無路，路是人走出來的。

世上也沒有可以救一切苦一切難的觀音，觀音就是你自己。

世界的最後時刻

一份新創刊的《漫畫週刊》，為了儘快提升讀者對刊物的關注熱情和發行量，經過一番策劃之後，推出了一項「徵畫活動」，要求應徵作品必須以《世界的最後時刻》為題，表現主題不言而喻：在世界即將毀滅的最後時刻，你或你的親人們會幹些什麼呢？徵畫廣告一出，當期的《漫畫週刊》馬上脫銷，要求加印的電話響個不停，原因是應徵作品的一等獎竟高達十萬美元，三等獎也有三萬美元。

在限定的日期內，來自世界各地的應徵作品堆積如山。為了獲取高額獎金，所有的應徵作者都將想像力發揮到了極致：有的畫在世界的最後時刻情侶緊緊抱在一起，一邊喝酒一邊接吻；有的畫在世界的最後時刻將鈔票堆在大街上燃燒；還有的畫在世界的最後時刻坐上太空船逃離地球……但最後獲得十萬美金的，卻是一位家庭主婦用鉛筆在一張包裝紙上畫的漫畫：她在廚房刷洗完碗筷後，正伸手關緊水管開關，丈夫則坐在餐桌邊啜飲著一杯咖啡，一邊還有一杯冒著一縷熱氣的咖啡在等著她。在餐桌旁的地板上，有兩個小男孩，正在做著玩積木的遊戲……

評委們對這副看似平常的一等獎獲獎作品的評語是：我們震驚於這一家人的平靜，他們理解了世界存在的意義和人的最高追求。

世界馬上就要毀滅，但世界還沒有毀滅，那麼，你就還活在「現在」。不要被即將到來的東西所誘惑，也不要為即將到來的東西所嚇倒。如果你確實知道了自己怎樣生活才是幸福的，那你就不要顧慮，按你的方式生活就是。

人是偉大的，也是渺小的。人可以改變一些事物，但對大的命運卻無能為力，譬如星球的爆炸，譬如火山的噴發，譬如地震。在無可避免的災難來臨時，與其絕望和瘋狂，不如平平靜靜地面對，擁抱幸福的哪怕最後一瞬。

看對方

寫作之餘，沒有別的娛樂，就與ＰＣ對弈。

他是個隱身的對手，我根本看不到他的面孔。我只看到棋子在動。他不現身，但我卻能感覺到他的存在，感覺到他鷹一樣的目光，從對面的螢幕裡透出來。

據介紹他棋力只有九級，是象棋級別中的小學一年級。但一個不小心，還是常常被他殺得大敗。他出手凌厲，毫不容情，常常在我還沒弄清怎麼回事的時候，馬被吃了，炮被奪走，賴以取勝的車也被炸翻，或者，乾脆一聲招呼不打地直接將老帥拿下。一切都沒有迴旋餘地，想賴棋悔棋都不可能。對手只管下棋，別的什麼言語都沒有，想和他套個近乎勾兌一下，都不可能。看來，他雖非江湖大俠，但眼明手快，心狠手辣的樣子，日後一定是個厲害的角兒，不能不讓人又怕又服氣。

但我也不是輕易認輸的人，我想戰勝他。於是屢戰屢敗，又屢敗屢戰，毫不退縮。時日既久，也就漸漸看出他的一些套路和死穴。但他又不是死守硬攻，有時還會用計取我，令我防不勝防。後來，我還是總結出了每次敗仗的經驗，就是每次輸棋，都發生在我認為勝券在握，只顧看自己，不看對方的時候。我想這是一個致命弱點，只要克服了這個弱點，就可以讓對方成為我的手下敗將。於是，我在PC的桌面右上角，掛上了一塊大大的警示牌，上書三個大字：看對方！

這一招果然有用，每當再與他對弈，我必排除心中雜念，雙目緊盯對方一舉一動，然後決定採取何種攻防對策。結果，每當我集中精力盯著對方時，十之八九我就勝了；一旦精神不佳，神思散亂，不看對方，只顧自己或者心中雜念紛生的時候，就必敗無疑。

看來，很多時候所謂的失敗，並非敗給了對手，只是敗給了自己。

時間上的花朵

晨霧在窗外彌漫著，大地在默默等待著朝陽從東方升起。

生命中，新的一天開始了。

我坐在《水的風景》中。這是日本著名環保音樂家神山純一先生，在他一千四百米海拔高處的八嶽山麓工作室錄製的音樂。溪水聲，鳥鳴聲，蟲吟聲，風聲，雨聲……聽起來都讓人心曠神怡。微微地閉了雙目傾聽，彷彿看到了天如青石，星如燈盞，伸手可觸可摘；月似玉盤，叮鈴作聲，銀光傾瀉……而後，森林中生命的歌唱響起，曦光漸漸顯露出來。

就在這時，我想到：人，鳥禽，各類的獸，還有花草樹木，以及一切的一切，只有擁有了生命，才可以傾聽，或者訴說。

生命如果是一隻小船，那麼標示生命航程長短的，就只能是時間的河流了。

大多數人也許都可以準確說出自己在什麼時候，什麼地方誕生；但很少有人能準確說出自己在什麼時候，什麼地方死亡。

坐在書桌前，我不能不對時間的不斷逝去感到沉重。因為我不知道，我的生命之舟在時間的長河中，到底還能航行多遠？生命之舟在進入時間的河流之後，是不能休息也不能停泊的。她的休息和停泊，就意味著熄滅，意味著死。這是殘酷的，又是自然的，是所有生命個體都無法改變的事實。我們似乎只有一個辦法，可以使有限的生命過程具有無限的外延與內涵。也就是說，我們必須珍惜生命之旅中的每一點每一滴光陰，去努力接近自己選定的目標。只有把握現在的生命存在，不耽昨日，不期明天，關注當下的生活和事物，用自己的智慧和貢獻，將自己的名字寫在歷史和人們的心中，你的生命才可能得到真正意義上的延續和不朽。

珍惜生命，並不是貪生怕死。生命只有在具有了真的、善的、美的靈魂時，才具有價值。我們應該有足夠的勇氣，在必要時犧牲自己唯一的生命，但那一定是在我們認為不犧牲不足以賦予生命以崇高和意義之時。

生命需要自由。只有在自由的條件下，生命才可能作出真正意義上的選擇，才可能創造出真正意義上的奇蹟。生命的意義和價值，並不能為所有的人所認識與實現，這是一種殘酷，也是一種常識。大多數人只是如其他生靈一樣，為活著而活著，將活著視為最高原則，這是可悲的，這也是無奈的。

但我們無權譴責和蔑視那些我們認為平庸的生命，因為他們的選擇對於他們來說是有道理的，甚至是必須的。也許他們所處的環境只允許他們那樣平庸地活著。我們唯一可以做的，是幫助他們清除那些繼續阻止他們擺脫平庸的石頭。

沒有人能真正地改變另一個人。

生命的雕像最終只能靠自己去完成。但人們需要互愛和互助。

生命對於時間來說，是一種奇異的花朵。她的開放和凋謝，是對時間的一種榮耀和獎賞。很難想像，如果沒有了生命的存在，時間會是一副什麼模樣，還能不能被叫作時間。

因為生命，我們才感覺到了時間；因為時間，我們才感知到了生命的緊迫和意義。

時間是一種礦藏，只有經過了生命的開採和提煉，才會具有價值。

時間本身不是生命，但她卻承載生命。

音樂的聲音在繼續。

水的聲音在繼續。

窗外，朝陽終於沒有升起，代之而來的是雨，是雨的聲音。

我起身站在新版的世界地圖前。地球上大部分的面積是水，是藍色的水，但水卻日益成為人類生存的一道難題。

呵，生命之水。生命中不能沒有水，因為沒有水的生命是無法存活的。地球上的水很多。泉水、雨水、江河湖海的水，還有大西洋、北冰洋、印度洋和太平洋的水。但人類生命能夠取用的，卻很有限。這就如同時間。

時間的存在也許是無限的，但對於每個生命個體卻很有限。甚至，人類和供人類生存的這個地球，也是有限的。

發現的秘密

很多年以前，一位父親在他所生活的城市吃了一場莫名其妙的官司，他知道如果坐在家中，將難免牢獄之災，於是帶著三歲的兒子踏上了逃亡之路。幾年後，他們在西北邊陲地廣人稀的沙漠地帶停留下來，改名換姓成為一個小村莊的居民。又過了一些年，逃亡的父親死去，兒子卻長大成人，成為當地的一個農民。這位逃亡者的兒子並不知道自己的身世和過去，因為父親什麼也沒告訴過他。

奇怪的是，在村子中許多同齡人都紛紛外出打工，到城市中尋找財富和前程的時候，他卻留了下來，整天扛著一把鐵鍬，在村外的荒地和沙丘上轉來轉去，有時甚至幾天不歸，或者乾脆在寂無一人的田野中搭個草棚住下來。有時在村裡，人們也會看到他的怪異，他常常對著一棵樹一看半天，有時又對著一群螞蟻喃喃私語，甚至連雞和狗們交配這種事，他也毫不避諱地從頭看到尾，一副癡迷的樣子。村人說，這孩子肯定是在野地裡中了邪了，不然怎會成了怪人？

可這個怪人不但看，還把看到的東西寫在本子上，有時還畫成圖。有年夏季，一位孤身旅行的女作家在沙漠中發現了他，並讀了他寫的東西。不久後，他的那些怪異文字在一家雜誌上登了出來，又被許多報刊選載了去。逃亡者的兒子一舉成名，轟動文壇。

當然，這位逃亡者的兒子後來還是知道了自己的身世，並以名作家的身分，被他出生的那座大都市請了回去，成了都市中的一員。但是，直到許多年後他人到老年時，每當回首往事，他仍對那場命運的特殊安排心懷感激。當有人問他：「你是怎樣在常人看來毫無意義的事物中發現那麼多趣味和奧秘的呢？」他的回答只有一個字：「愛。」

一粒沙便是一個世界，一朵花便是一座道場。天地間沒有無意義的事物，而只有無意義的頭腦和眼光。在富有愛心的智者那裡，一切都是造物主絕妙的安排和精美的禮物。

因此，任何人都沒有理由抱怨命運和環境，只要你得到了發現的秘訣，並善於運用它，你也一樣可以打開通向另一個神奇世界的門。

打坐

寫作或讀書，時間久了，頭腦就昏沉，心裡也覺煩悶。各種紛雜妄想，也就如同螢蟲，飛舞起來。於是，便氣急心亂，坐立不住，直想走出房間去，尋一清幽之處，吸一口新鮮空氣。可窗外物欲如潮，金屬鏗鏘，哪裡有可供棲足的一方淨土呢？

過去，清心的辦法，多是泡上一杯綠茶，再放一盤水聲鳥鳴的音樂，如此而已。忽一日在一本佛教刊物上見一篇介紹「數息觀」的文章。所謂數息，就是盤腿而坐，目不視物，靜數自己的呼吸，可發現妄念，排除妄念，安神定心，也就是修禪定。並說，釋迦牟尼佛祖和三世諸佛，多是由此「數息之門」而修煉成道的。

書為導師，我依法盤坐，依法數息，還就真的有了些效果。

初坐之時，不一會就覺得呼吸困難，腰酸腿痛。往往十幾、二十分鐘就坐不住了。一週後有所改善，可坐半小時左右。數息之時，有時妄念紛起，數著數著就斷了線，於是接上再數。接上再數，就是排除了妄念心魔，又重新回到了定境之中。漸漸地，就覺得身邊的一切聲響事物，愈去愈遠，後來連打坐的自我身軀，也不復感覺。有一次竟連數息也不存在了，惟知呼吸之氣，一進一出，粗細不斷，冷暖可辨，方知此是到了「隨息門」——這是修禪定的第二層次。這一層次是放棄數息，心念隨著息的出入，明瞭息的出入長短，冷暖粗細，且注重於息。意無散亂，恬然凝靜，能產生十六種勝行。

但我只是偶涉此境，離產生十六勝行還差得遠著呢。「隨息門」後，還依次有「止門」、「觀門」、「還門」、「淨門」四個層次，一個層次有一個層次的不同妙用境界。入了「止門」，就可以身心泯然入定，不見內外相貌，安穩快樂，這就是進入了「禪定」的境界。再深入修行，過了「觀門」、「還門」，入了「淨門」，就達到了至高無上的境界：心無所依，妄念不起而獲得無漏的大智慧。諸法實相，涅槃寂靜。

我並不敢妄想、執著於想要達到什麼境界，只是能止亂安心，去煩得靜便可了。每當昏沉煩亂之時，便跏趺盤坐在單床之上，默默數息，往往能收心靜神。半小時後再開始工作，效果就會好了許多。

很久以來，我還有一個失眠的頑症。雖不是什麼大病，卻也十分地折磨人，有時雖感到眼澀體乏，躺下卻翻來覆去地睡不著，令人煩亂不堪。近來也用數息之法，往往數不到十分鐘，便渾然夢中了，當然這是躺著而不是坐著了。

其實，「安心」的方法很多，佛說八萬四千法門，皆可修成正果。譬如念佛一法，也同樣可以達到至高境界，佛號不離口、心，妄念便進不來。妄念進不來，便可入定入淨。還有「參話頭」，也是同樣道理，無非是「排除妄念，安心定神」。殊途同歸，都可以達到至上的境地，獲得不可思議的效果。

人人心中都有一位「自性真佛」，修則成，不修則廢；悟則出，不悟則隱。

鮮花供佛

為了撰寫一篇關於佛教建築方面的文章，我在一座山中古寺裡住了一段時間。古寺因為藏在深山中的緣故，「文革」中沒有遭到太多人為的破壞，文物建築得以較完整地保存下來。也因為山深路遠，雲遮霧罩，所以這裡在過去的許多年裡，沒有一般寺院那般的熱鬧，香火也不及其他寺院那麼好。一般寺院進去都售門票的，這裡卻堅持不售門票。香客遊人，以及周圍小村莊裡的山民，都可以在白天的任何時候隨便進去散步遊轉。

古寺的方丈卻很年輕，才三十多歲。他是大學畢業後出的家，不久就去南方的一個佛學研究所深造，又去斯里蘭卡等上座部佛教國家參學數年，直到他師父圓寂後，當地有關部門及居士堅請，他才留下來接過師父的衣缽，升座當了方丈。我們的相識是在他出家之前，頗有交情。知道我要寫東西，他就安排我住在寺院最後面的藏經樓旁，說那裡既安靜又可以方便地查閱佛經典籍。但幾天後，我就要他給我換個地方，原因是那裡太靜了，靜得有點怕人。方丈就又讓我住到了大雄寶殿一邊的一間廂房裡。於是，我認識了磬雲居士。

每天，大約是上午九點左右，便有一個年紀六十多歲，穿著與附近山民一樣樸素但卻乾淨整潔的女人，到大雄寶殿裡去。但她卻不像其他香客那樣燒香叩頭，而是將一束鮮花貢獻在佛像面前，合掌禮敬，然後退出，在寺院裡走走看看，或小坐一會兒，然後便離去了。我在窗前每天見她如此來去，時間一久，便不禁好奇，就問方丈。方丈說：「你說的是那個優婆夷（佛經裡指在家修行的女眾）吧，她叫磬雲，是我的一個皈依弟子。她原是鎮上學校的教師，退休後去年皈依了佛教。她家就在寺院邊上的村子裡。」我對方丈說：「這位居士很獨特，與別的居士不一樣啊。」方丈笑起來，說：「是不一樣啊，但她這樣是最符合佛法精神的麼。」我便故意問：「何以見得？」方丈說：「你一定讀過一些佛教經論吧，像《蘇悉地羯羅經‧供花品》、《除蓋障菩薩所問經》及《大智度論》，裡面有關香花供佛的文字都不少，而燒香叩頭不過是咱們漢傳佛教結合了道教和民間習俗後形成的「中國特色」而已。在如今的東南亞上座部佛教寺院，還是以鮮花供佛的。」

我和方丈正說話的時候，恰巧那位磐雲居士又手持一束鮮花，到大雄寶殿去供佛，方丈便在她出來時叫住了她，招手讓她過來。磐雲過來了，方丈卻有人找，匆匆走了，於是我和這位鮮花供佛的優婆夷聊了起來。她原名叫李慶雲，是當地鎮中學的英語教師。早在皈依佛門之前，她就讀了不少佛教方面的書，甚至還找了英文版進行對比。皈依之後，與師父十分投緣，就從鎮上搬回老家的房子裡住。她說她房前的院子很大，就種了許多的花草樹木。一年之中，幾乎每個季節都有花開，她就採了鮮花來供佛，也送給師父。她說著笑起來，問我：「你要不要鮮花，要的話，我也可以送些給你啊。」我說我當然想要，但你要供佛的鮮花，我怎麼敢領受？她又笑起來，像一個小女孩一樣，連臉上的皺紋都在笑聲中平展了起來。她說：「你還迷信啊？佛經上不是說了麼，人人都有佛性，人人都是自性真佛麼？哦，別擔心，我當然是先供佛，然後才送師父你們，既合情又合理，行吧？」

此後，磐雲果然每天都帶一些鮮花，先送一束到大殿供佛，然後把另外的鮮花，有時給我，有時給方丈，有時又給隨便碰到的哪位師父。漸漸的，我發現不但她，而且別的居士，甚至寺院裡的僧人們，也都到山間或自家院落裡採了鮮花供佛，焚香化紙的反而少了起來。山中古寺，在這個秋天，花香彌漫，給我留下了很深的印象。

離開那座古寺後，我常常會想到磐雲和她的鮮花供佛。後來，我閱讀一些佛經資料，知道鮮花供佛，是佛教一個十分久遠的傳統。據佛經記載，可以供佛的物品，計有五十二種，其中以香花供養最為普遍，也最為高貴。在南傳佛教裡，信徒們每天都採摘鮮花供佛。如在斯里蘭卡，每日清晨，稀疏的晨星還在天邊閃爍，信徒們便紛紛起床，手提花籃，去採鮮花供佛了。中國西雙版納的上座部佛教，也和斯里蘭卡、泰國、緬甸、老撾、柬埔寨等南傳佛教地區的情況基本一樣，信徒們不燒香，而以香花供佛。

我常想，我們的漢傳佛教也應該實行鮮花供佛，這是完全可以做到的。現在我們的生活中，鮮花並不難得，主要是看我們是否有心。磐雲居士能做到的，其實大多數人也都能做到。更重要的是，鮮花供佛不但潔淨莊嚴，還可以消除佛教寺院中普遍存在的因焚燒香燭而發生火災的隱患。

當然，鮮花供佛，還有更多的好處。鮮花不僅僅馨香悅目，還可以讓人通過觀想，從中體味出人生的諸多道理。因為鮮花的美麗，人們會想像到許多美好的事物，希望生活如同晨露中的鮮花一樣美好，馨香純潔；又因為鮮花的脆弱嬌嫩，朝開夕落，會令人想到生命的短暫無常，更加珍惜生命的分分秒秒，去為自己的事業努力；更因為鮮花的馨香彌漫，令人想到做一個有道德的人，會像鮮花一樣令人感到喜悅和敬愛，從而獲得永恆的價值。

菩提本無樹

一陣風雨，一些楊樹的枝葉被折斷下來。我撿起一枝，用清水洗去了沾染它的泥汙，那一種天然的芳香，便透過我的意念之窗，直達內心。那一片片綠葉，顯示了心的形狀。這舉在手上、近在眼前的美麗，讓我感受到一種既高貴又平凡的寧靜和喜悅。我找出一隻淨瓶，注滿了清水，將它供在案頭。

有朋友西西居士來訪。進了屋，便目不轉睛地被那枝綠葉吸引了過去。他看了半天，問：「這是菩提樹葉吧？」還沒等我開口回答，便又急急地問：「這菩提樹葉，是從哪裡請來的？」看得出他心中的驚喜、疑惑和嚮往。我知道，只要我回答一個字或是點一下頭，他便會馬上頂禮膜拜下去。我向他笑了笑，用手指了指窗外。

窗外是一大塊剛被雨水洗過的天空，藍藍的有幾朵浮雲。在浮雲之下，是幾棵中國白楊樹。這是北方極為普通的一種樹木。在鄉村，在城市，在山丘，在池塘河流邊，到處生長著。也許正因為它的無處不在，所以人們對它就熟視無睹，以至於忘記了它的形貌和存在。西西居士順著我的手指，看到了它們。他不相信地將案頭的綠葉和窗外樹上的綠葉反覆比較著，終於長嘆了一聲，沮喪不解地看了我好半天。我明白他眼中的疑惑，但我卻不想多說什麼，只是指了指壁上那幅六祖慧能的開悟偈讓他看：

菩提本無樹，
明鏡亦非台。
本來無一物，
何處惹塵埃。

菩提樹，在古代印度叫畢婆羅樹（pippala），又名七葉樹，是印度一種極普通的樹木，普通得猶如我們的楊、柳、桐、槐。喬達摩•悉達多太子在結束了六年的苦行生活之後，就在這樣一棵普通的畢婆羅樹下悟道成佛，終於成為一代偉大的教主。人們為了感念佛祖證悟人生真理的不朽功德，便把他悟道時給予他遮蔽的畢婆羅樹，稱之為菩提樹，也就是覺悟之樹。

其實，山川草木，皆有佛性。菩提不菩提，不在於樹，更不在於什麼樹，而在於你有沒有一顆菩提之心。若菩提之心在，豈不樹樹皆菩提之樹！反過來說，若無菩提之心，無論坐於何種樹下，也是無用的。

與其關注一片樹葉的是非出處，何如關注自己的心靈！

一個偉大的乞討者

上天對他是仁慈的，命運對他也微笑盈盈。他降生在帝王之家，成為一位老國王的掌上明珠。所有的尊榮和富貴，所有的玩樂和珍寶，只要是有的，他都可以盡情享用。他的前途也是那樣的令人羨慕——他的父王正在考慮將國王的權杖交到他手中。

然而，他拒絕並逃離了這一切，選擇了他認為更重要更有意義的道路。原因是他看到了發生在人類和眾生身上不可避免的苦難和不幸。一個生命產生了，就面臨著饑餓、病痛、年老和死亡。他想找到一種解脫痛苦的方法，弄清世界和生命存在的根據和意義。

他是在二十九歲那年的一個深夜離開王宮走入荒野和樹林中去的。當時他年老的父王已經入寢，他的妻子和出生不久的兒子也在熟睡中。他在樹林中用佩刀割去了頭髮和鬍鬚，又脫掉華麗的衣服扔在地上。從此，開始了六年之久的求索之路。開始，他拜訪各位有名望的長者，想從他們那裡得到滿意的答案。但他最終失望了，只好自己走進樹林深處，在晝來夜往，雨打風吹的寂靜中苦思默想。

也許，這一切是這個時代的許多人無法想像的。他不去千方百計地擁有財富和美色，不去爭取更高更大的權位，而甘願一無所有地冒著生命危險去尋找一種真理，他是不是天下最大的傻子？

他在六年之後終於為自己的問題找出了答案，於是他結束孤獨而回到人群中去，向人們宣講他悟出的道理，這時他三十五歲。他是八十歲那年離別人世的，這中間又經過了四十五年。在四十五年的歲月中，他以乞討為生，以碎布片連綴為衣，以宣講自己的思想為事業。他的弟子一天天增多，他的思想四處傳播。最後，連他的妻子和兒子也成了他的弟子，他年邁的父王也成了他的擁護者。

他最後是在荒野中因年邁和疾病辭世的。但此時他已沒有了任何痛苦和遺憾，因為他將一種永恆的東西留在了大地上——這便是被後人稱為佛法的寶藏。

看到這裡，也許你已經明白了，這個偉大的乞討者就是佛教的創始人——佛祖釋迦牟尼。

二千多年的時間長河中，許多王國覆滅了，無數帝王化為煙塵，但釋迦牟尼的名字卻越來越響亮。他的思想猶如一座神奇的寶庫，求取的人越多，寶藏的儲存越豐富。

由此，是否可以肯定地說：他當初的放棄和選擇都是正確的？如果這位王子當初不放棄國王之位，世界上只不過多了一位小小王國的統治者，對世界和後世的影響微乎其微，甚至可以忽略不計。但他選擇了對真理的思考和探索，於是，世界震動並為之改變了。並且，隨著時間的推移，他的聲音不但沒有消失，而且是跨洋越海由東方向西方，在歐美大陸傳播著，生根開花。

他向世界乞討的只是一缽飯食，而給世界留下的，卻是一座真正的寶庫。

走不回來的小和尚

靜夜讀書，一則禪門公案故事令我沉思良久。

某日，寺院要擴建殿堂，有一棵珍貴的銀杏樹需要移栽到別的地方。方丈命他的兩個弟子去做這件事，辦好後回來複命。兩人來到樹前開始挖土移樹，但剛挖了幾下，一位小和尚就對另一位說：「師兄，我這把鐵鎬木把壞了。你等著，我去修一下再挖。」師兄勸他移完樹再修不遲，他說：「那怎麼行？用這樣的鎬要挖到什麼時候呀！」於是小和尚去找木匠借斧頭，木匠說：「真是不巧，我的斧頭昨天砍東西弄壞了，就讓我用菜刀給你修一下吧。」小和尚聽了說：「那怎麼行，用刀修得又慢又不好，讓我去找鐵匠把你的斧頭修一下吧。」小和尚帶著斧頭去另一個村子找到鐵匠，鐵匠苦笑著對他說：「我的木炭剛用完，你看……」小和尚放下斧頭，又去山中找燒炭的人，燒炭的人對他說：「我已經好多天沒有燒炭了，因為找不到牛車去把木料運到這裡來。」小和尚又去找一位專運木料的車把式，車把式說：「你看我的牛生病了……」

幾天之後，當僧人們經過四處打聽找到這位小和尚時，他正提著幾包草藥匆匆從一個集鎮向車把式的村子中趕。大家問他買藥幹什麼，他說為牛治病，又問他為牛治病幹什麼，他說要用牛車運木料……挖樹的事，他早已忘到九霄雲外了。

在我們的生活中，每個人都會遇到或者經歷這樣的事。認認真真忙碌，辛辛苦苦奔波，到最後聽到有人問「你在幹什麼」時，卻惘然不知如何作答，因為在目標不斷轉換中，那個最初的目標早已漸漸模糊以至消失了。

在人生的過程中，那個「最初的目標」便是我們的寶貴自我——生命存在的意義和根據，丟棄了它，就只能像一個空殼人一樣在這個世界上遊蕩。

無論遇到多少困難和曲折，也不論走出有多遠，都不能忘記來時的路，因為我們必須有個家，必須回家。

一默如雷

佛經上有這樣一則傳說故事：一天，釋迦牟尼在靈山會上說法，有人供獻了一朵鮮花給他。釋迦牟尼手拈花朵，久久一語不發，只是將目光看向眾人。這時眾人都面面相覷，不知所以，惟有釋迦的大弟子摩訶迦葉發出會心的微笑，於是，禪——就在這一默如雷的「拈花微笑」中產生了，終於演化成為許多世紀以來影響東西方文化、思想至深的「道」——一種奇妙的、可意會而不可言傳的思維和行為方式。

花默默地開放又凋落。大山也沉默無語，只悄悄改變著四季的風格和顏色。我們從一朵花中聽到了什麼？又從一座山一塊石頭中感悟了什麼？日本的著名佛學家鈴木大拙博士在一九六六年即將走完他九十六年的人生道路時說：「人，不一定要偉大，只要成為一個坦誠可靠的人就可以了。一生能默默地努力工作，到要向這個世界說『永別』的時候，就讓其自然消失掉，這就是我所認為的偉人——一個平平凡凡的農夫或小市民。除此之外，還要期望什麼呢？」

人的語言是由沉默中來，而最終又回到沉默中去的，所以，在佛教史上聲名顯赫的《維摩經》作者，佛學研究的權威學者維摩大居士對「一默如雷」四個字是如此解釋的：「沉默，卻猶如雷鳴般地震耳，這的確是偉大的真理。實際上，沉默並非無聲，而仍有真實的聲音，只是因為音階和聲波的不同，一般人聽不到罷了。」所以，沉默中的聲音，並非人人都可以聽到，只有境界相同的人，也就是具有相同「音階和聲波」的人才能聽到。而魯迅先生關於沉默的認識——「不在沉默中爆發，便有沉默中毀滅」，只能說僅是對沉默和沉默者的一般性知解，而沒有道出沉默真正的本質。因為在我們的生活中，沉默者是絕對多數，當他們必須沉默著時，並不是真的沒有聲音。沉默中的爆發可以如火山噴湧，氣勢驚人，而沉默本身的力量，有時卻真的是「此時無聲勝有聲」。

回顧一下身邊的人或發生的事情，也許更能加深對「一默如雷」四字的理解。那些譁眾取寵的人，那些口若懸河的人，那些信口雌黃的人，那些巧舌如簧的人，他們的言語往往如同河中的泡沫，在氣味尚存之時，就迅速地消失了。而那些埋頭工作，沉默無語的人，卻留下了自己的聲音，像雷聲一樣在人們的耳際間滾響不息。

因此，所有那些虛偽的雄辯家、演說家，無論他們如何聲勢逼人，活靈活現，他們所需要的都是無知的歡呼和掌聲，而他們最怕的是人們的沉默。因為他們明白，沉默是一種無聲的抵抗力量，會摧毀虛偽和謊言。

一期一會

不久前，發生了一件讓我十分悲痛的事情。一位曾經和我在一座城市中生活了十多年，親如兄弟的詩友，趁休假時自他任教的北京某大學歸來探訪親朋。臨別前，我們在一間茶館中坐了整整一個下午，回顧我們曾經經歷的風花雪月，種種趣事。重溫朋友聚會的場場幕幕，都感到友情的珍貴，歲月的易逝。第二天送別時，在人流匆匆的站臺上，竟都有點淚眼模糊的傷感，似乎會有什麼事情發生一樣。

不知是否人類真有預感未來的能力，但不幸的事情真的發生了。他走後的第五天，便傳來他罹遇車禍搶救無效而亡的噩耗。雖然我明白人生無常的道理，但還是禁不住內心的悲痛，無法接受這突然發生的事實。此後的很長一段時間，我無法讀書和寫作，而是沉浸在這種對亡友的悼念中無法自拔，同時也感到了生命的脆弱，命運的不可測……直到有一天，在朋友的勸說下，我們一起去了鳳凰山的靈山寺，在那裡遇到了雲遊僧元陽法師。

那是我們遊罷靈山寺下山的路上，在山道拐彎處的石崖邊，坐著一位光頭灰衣的中年僧人，他身邊放著一個布包和一把過時的大雨傘。路過他身邊時，我習慣地向他合掌問訊，他馬上還了禮，並邀請說：「歇歇腳再走吧，何必匆匆趕路呢！」一聽之下，便心中一動，知道這僧人決非等閒之輩。

在他身邊的石塊上坐下，談話中知道他法號元陽，山東即墨人，在濟南靈岩寺出的家。但他性喜遊歷，如今已遍遊國內外許多名山叢林，參訪高僧大德，足足有十個年頭了。望著他風塵僕僕，卻又充滿智慧、沉靜自若的面龐，我覺得這是個可以信賴，可以傾吐心思的人。我將不久前的失友之痛，以及心中的感傷都對他說了出來。他一直靜靜聽著，直到我不再講話。我們又沉默著坐了一會，我想我也許該告辭了。就在我要起身的時候，他說：「我講一件小事給你聽吧。去年我去日本參學，在山陰縣的一家餐館中用餐，當我從包筷子的紙套中抽出筷子時，一張紙卡也帶了出來。紙卡上有這樣幾句偈：『相會再別離，別離再相聚。秋風吹曠野，一期只一會。』我想你一定明白了這偈語的意思吧。一期就是人的一生，一會是只有一次的相會。要珍惜啊！」

雲遊僧說完，提起他的布包雨傘，向山上走去了。而我卻定定地坐在那裡，望著那灰色的背影在山林中消失……是呵，一期一會！無論是父母兄弟，新朋舊友，縱是天天相見，每一次也都是唯一的一次啊！因為時間的每一分每一秒，因為生命的每一刻每一時，都具有絕對的不可重複性，是一去不復返的。

因而，請珍惜吧！珍惜與親人或朋友的每一次相聚，付出你的真愛和誠心。因為每一次相會都可能是最後，每一次揮手都可能是永別！

甚至，還不僅僅是與他人的相聚相會，還應包含與生命中真實自我的相會，也是多麼的不易。生命在時間的河中流走著，去而不返，它留給你的永遠是一個問號：你給予它意義了嗎？

眼橫鼻直的眞理

禪宗史上有一位十分著名的道元禪師（一二〇〇至一二五三），是禪宗要典《正法眼藏》一書的作者。他年輕時為了求取正法真經，曾不避千難萬險，獨自一人去印度、尼泊爾、斯里蘭卡等國參學訪問，十年後才回到國內。當他第一次與眾人晤談時，有人問他：「禪師，聽說你冒著生命危險，在許多國家學習遊歷了十年之久，能不能告訴我們，您的收穫是什麼呢？」

道元禪師聽了學者的提問，非常認真地對那人說：「我通過十年的學習和觀察，真正領悟到了眼睛是橫著長的，鼻子是豎著長的真理，所以我是空著雙手回來的。」

眾人聞聽，莫不捧腹大笑起來。但是頃刻間，大家便停住了笑聲。因為他們發現自己笑得很無知，很空洞。眼橫鼻直，這一並不玄奧複雜的常識，卻並非每個人都能認識並瞭解其中的意義。真理往往是簡單明瞭的，但人們認識真理和掌握真理的過程卻是複雜甚至是艱難的。

同樣的事情也發生在蘇東坡身上。蘇東坡是中國歷史上人們熟知的大詩人，有年春天，蘇東坡與朋友一起在郊外飲酒，當他看到柳是綠的，花是紅的時，心情十分激動，就對朋友感嘆道：「啊，柳綠花紅，這才是自然界的真面目啊，真是令人感動！」

蘇東坡的朋友沒有嘲笑他，因為他們都有同樣的感覺。

當我們懷著感激的心情，以老實的態度面對日常生活的眼橫鼻直，面對大自然的柳綠花紅時，就會發現許多存在的真理，就不會人云亦云地顛倒黑白，指鹿為馬，也不會盲從和是非不分了。

爲什麼活著

一天，有張、王、李三位居士，一起去向無德禪師請求開示：「大家都說佛陀能解除人生的痛苦，但我們信佛多年，卻並不覺得快樂，這是怎麼回事呢？」

無德禪師反問他們：「你們想要快樂，首先請你們告訴我，你們為什麼而活著？」

張說：「死亡太可怕了，我害怕死亡，所以要活著。」

王說：「我活著就要出人頭地，將來可以光宗耀祖，福蔭子孫。」

李說：「我可沒那麼高的奢望。我必須活著掙錢，否則一家人就無法生存了。」

無德禪師笑著說：「怪不得你們活得不快樂，你們想到了死亡、功名、被迫勞動，而不是愛心、責任和信仰。為什麼很多人有了權位卻惴惴不安，有了名譽卻終日煩惱，有了金錢卻感到恐慌呢？」

三居士無言以對。

無德禪師說：「愛心、責任和信仰並不是空洞的說教，而是體現在每個人每一天的生活中。權位要服務於大眾，才心安；名譽要問心無愧，才快樂；愛心要奉獻給需要的人，才有意義；金錢，也只有當它造福於世的時候，才有價值。我想，如果你們做到了其中的一件，就可以感到快樂了。」

三居士聽了無德禪師的一番話，欣然領受，慚愧而出。

生活中，我們的確每天都被各種瑣事所累，根本沒有時間去想一想自己到底為什麼而活著，但這又的確是一個很重要的問題。這其實不僅僅是哲學家或宗教徒才應該想的事，而是每個人都無法迴避的。因為這關係到我們是否能夠感受到真實的快樂和幸福。

無德禪師的話，也許不是每個人都可以輕易做到的，但卻應該將其作為一種原則，貫穿在生活中。這樣，每前進一步，就離理想的目標接近一點，真正的快樂也就多了一點。

石桌上開出的花朵

一個深秋的清晨，朝陽還沒有升起，寺院山門外凝滿青霜的草地上，跪著一個中年人。「師父，請原諒我吧。」他對從山門裡走出來的方丈喊道。

二十年前，他曾是這座寺院裡的一個沙彌，極得方丈喜愛。方丈將滿懷希望寄託在他身上，一心想將他培養成自己的接法傳人。但他終沒能抵擋住寺外滾滾紅塵的誘惑，在一個月夜背著方丈偷偷下了山。從此，他沉迷在燈紅酒綠的世界中，花街柳巷，歌廳酒樓，盡情地放浪著自己。

二十年後的一個深夜，他在一次醉酒中陡然驚醒，彷彿記不起自己是誰，為什麼活在這個世界上。窗外月色如霜，清冷地灑在他的身上臉上。他忽然對二十年來昏昏噩噩的生活深自懺悔起來，淚流滿面。繼而他披衣而起，急急趕往寺院去找自己當年的師父。

「師父，您能原諒我過去的過錯，再收我做一回弟子嗎？」

方丈看著這個當初自己深深喜愛，而後又讓他失望透頂的弟子，堅決地搖頭：「不，你罪孽深重，當墜地獄。要想我寬恕你，除非——」方丈信手一指佛堂門外的石桌，「那石桌上會自己開出花來。」說罷轉身而去。

見師父不肯寬恕自己，中年人只好絕望地離開了寺院。

奇蹟就在當天晚上發生了。當方丈一早開門去禮佛的時候，他驚呆了：一夜間，石桌上真的開滿了大簇大簇的花朵，紅的，白的，黃的，每一朵都芳香逼人。四下裡一絲風也沒有，可那些盛開的花朵卻簌簌急搖，彷彿是在急切呼喚或宣講著什麼。

方丈在一瞬間大悟。

他連忙下山去尋找那個浪子回頭的弟子，但最終沒能找到。

而石桌上開放的那些神奇的花朵，也在短短的一天時間內就凋零了。

是夜，方丈圓寂。

臨終時他對身邊的弟子說：「你們要記取我的教訓。這世上，沒有什麼歧途是不可以回頭，沒有什麼錯誤是不可以改正和原諒的。一個真心向善的念頭，便是世上最罕有的奇蹟，就像石桌上開出的花朵一樣。」

方丈的遺教令他的弟子們陷入永遠的沉思。

在日常生活中，這樣的事情也常常發生。我們無論對待朋友，對待身邊的人，甚至是對待自己的親人，許多時候都會顯得十分的苛刻。特別是當他們有意或無意犯了錯的時候，我們總是會發洩般地不肯原諒他們，不給他們任何改正和補救的機會。我們原本是可以贏得一份金子般浪子回頭的親情、友情或愛情的，但往往由於不肯寬恕而失去，甚至把他們毫不留情地推向自己的反面，變成敵人，這是可怕且可悲的。

當一個人做壞事的時候，他是一個壞人；而當一個人做好事的時候，他就是一個好人了。這是一個並不複雜，但卻不容易弄明白的道理。就像大家都認定石頭不會開花，但它開花了，就不應該再去懷疑，或者僅僅是驚奇，而是應該承認並且讚美它。

寬恕是一種慈悲，是一種愛。

而愛是可以改變一切，征服一切的，包括人心和世界。

泥塊與金佛

不久前，我隨一個佛學參訪團赴泰國曼谷訪問，在這個素有「黃袍佛國」之稱的神秘國家中，我們參訪了玉佛寺、菩提寺等著名寺院，但給我印象最深的，卻是金佛寺。其實金佛寺占地面積很小，只有幾十平米。遊人看客一進入寺內，便會驚異地看到一尊三米多高的黃金佛像。據說此純金佛像重達二千五百公斤，價值近二億美元。

從世界各地來的遊人香客摩肩接踵，無不為這面前的佛像所震撼。人們紛紛頂禮膜拜，拍照留念。而在金佛的一側，有一小小的玻璃展櫃，展櫃中陳列著一塊七十釐米長，二十釐米厚的泥塊，泥塊一邊有一段文字說明，向人們講述了一個有關泥土與金佛的傳奇故事。

幾百年前的泰國，稱為暹羅。有一次相鄰的緬甸國出兵攻伐暹羅。暹羅的僧人們知道敵人即將攻進城中，為了保住金佛免遭敵人掠走或毀壞，他們在黃金佛像上覆蓋上了一層厚厚的泥巴，使金佛看上去如一尊泥土雕成的一樣。不久，敵軍果然攻進城中，城中居民及僧人全被殺害，無一倖存，但金佛沒有被入侵者發現而保存了下來，人們就一直將那尊佛像視為泥塑的，沒人知道其中的秘密。

一九五七年，泰國政府決定在曼谷市內修一條高速公路，沿線的建築，包括一座古老的寺院必須拆遷。寺中有尊龐大的泥塑佛像，重量達萬斤以上。泰國政府派出工程隊進行搬遷作業，僧人們則做著護侍法事。雖說搬遷工作十分小心，但泥佛像還是出現了裂痕。並且，在將要裝車時下起大雨，為了避免損毀佛像，僧人們決定將佛像原地放好，並用大型帳篷將佛像覆蓋起來。

雨越下越大，寺院的老方丈不放心，親自去檢查佛像是否保護好了。當他用手電筒照到佛像的裂縫處時，縫內一道金光閃現，耀得他眼都花了。老方丈覺得這尊佛像非同一般，內中一定隱有什麼秘密，於是叫來弟子，小心地用鑿子和榔頭敲開裂縫處的泥塊，驚異地發現原來在泥塊裡面藏著的是一尊純金的佛像。如此價值連城的黃金佛像被發現，當時不但轟動泰國朝野，也令世界為之震驚，一時成為輿論關注的焦點。

其實，黃金佛像的「出土」雖是一次偶然，但卻是早就存在著的，只是由於一些人為的原因，才長久地被泥土遮蓋著，而一般人的眼光只能看到表面，而無法發現這無比珍貴的內部實質的。

事實上，每個人內心中都隱藏著一尊價值無比的純金佛像，那便是與生俱有的高貴自我，只是由於恐懼或要逃避一些可能的打擊與災禍，才為自己包上了一層又一層的外殼，以至許多人一生中都不能將真實的自我展示於人，這不能不說是人生的一種悲劇。

現在，讓我們像那位老方丈一樣，拿起智慧的鑿子和榔頭來吧，敲去包裹著我們金子般高貴自我的泥塊，重新顯露我們美好的內心。若每個人都能如此，世界將會變得無比美好起來。

能走多遠走多遠

有師徒兩位僧人，從很遠的地方去靈山朝聖。一路上一邊乞食一邊趕路，日夜兼程，不敢稍有停息。因為在行前，他們發了誓願，要在佛誕日那天趕到聖地。作為僧人，最重要的就是守信，虔誠，不妄語，何況是對佛陀發的誓願呢！

但在穿越一片沙漠時，年輕的弟子卻病倒了。這時離佛誕日已經很近，而他們距靈山的路還有很遠。為了完成誓願，師父開始攙扶著弟子走，後來又背著弟子走，但這樣一來，行進的速度就慢了許多，三天只能走完原來一天的路程。到了第五天，弟子已經氣息奄奄，快不行了，他一邊流淚一邊央求師父：「師父啊，弟子罪孽深重，無法完成向佛陀發下的誓願了，並且還連累了您，請您獨自走吧，不要再管弟子，日程要緊。」師父憐愛地看著弟子，又將他馱到背上，邊艱難地向前行走邊說：「徒兒啊，朝聖是我們的誓願，靈山是我們的目標。既然已經上路，已經在走，靈山就在心中，佛陀就在眼前了。佛決不會責怪虔誠的人，讓我們能走多遠走多遠吧……」

這則故事是一位年逾古稀的老居士講給我的。他說，他年輕時經商，在商海中搏命，賺了一些錢，掙下了一份不大不小的產業。這中間，有失敗有成功，有笑聲也有眼淚。但自己無論怎樣努力，卻總是離家人的期待和自己的欲望差了很遠。後來，一個偶然的機會，讀到這則師徒朝聖的故事，大受感動之後，幡然醒悟。他說其實每個人都是朝聖者，都有自己的目標和誓願。由於各種客觀和主觀的原因，並非每個人都能達到目標和實現誓願，儘管每個人的目標和誓願都不相同。其實只要你一上了路，向目標靠近，你就已經到達了，因為每個人的靈山都不一樣。

老居士的話讓我深思。是的，無論是那矢志不移朝聖的僧人師徒，還是晚年才從迷夢中驚醒的老居士，都讓我猶如面對一面鏡子，在反觀自己所走道路的同時，也看清自己的真實面目。我知道，我也是一個朝聖者，也有自己的目標和誓願。但在朝向目標的路上，卻如那位生病的年輕僧人，只知道路途，而不明白虔誠和誓願本身就是靈山和佛陀！

朝聖者呵，只要你心中裝著靈山和佛陀，不管你最後走了多遠，你都已經抵達了目標，完成了誓願。

關鍵是你要整裝上路，要向前走！能走多遠走多遠……

立足今天

一天，佛陀乞食後剛剛用完午餐，一位商人走來請求佛陀為他除惑解疑，指點方向。佛陀將他帶入一間靜室中，十分耐心地聽商人訴說自己的苦惱和疑惑。商人訴說了很久，有對往事的追悔，也有對將來的擔憂。最後，佛陀示意他停下來，問他：「你可吃過午餐？」商人點頭說：「已吃過。」佛陀又問：「炊具和餐具可都收拾得乾淨完好了？」商人忙說：「是啊，都已收拾得很完好了。」接著商人急切地問佛陀：「您怎麼只問我不相關的事呢？請您給我的問題一個正確答案吧！」但是，佛陀卻只對他微微一笑，說：「你的問題你自己已經回答過了。」接著就讓他離開靜室。

幾天之後，那位商人終於醒悟了佛陀的道理，來向佛陀致謝。佛陀這才對他及眾弟子說：「誰若對昨天的事念念不忘，追悔煩惱，或者對明天的事憂愁妄想，他將成為一棵枯草！」

佛陀告訴我們，人只能生活在今天，也就是現在的時間中，誰都不可能退回「昨天」或進入「明天」。因為「昨天」是「存在過」的，不可及；「明天」僅是「可能存在」的，同樣不可及。

事實是，我們只能不及昨日、不期明天地活在今天，而給昨天和明天最好的答案，就是要做好今天的事情，全身心地投入現在的生活和工作，既不讓昨天成為包袱拖在身後，也不要讓明天成為幻影擾亂意志。是的，若是一個人能不耽昨日，不期明天地將全部精力集中在現在，那他必將成為一個快樂且事業有成的人。

好壞有無

故事一：趙州和尚是西元九世紀時的著名高僧，活到一百二十歲，有人寫了本《趙州錄》專門記述他的種種事蹟。有一位參學者問他：「佛的生命，是否也會存在於狗的身上呢？」趙州和尚回答：「無。」可停了不久，又有一位參學者向他提出同一個問題，趙州和尚卻答了個「有」字，令他身邊的弟子大惑不解，以為是師父年齡大，有些糊塗了。便問道：「師父啊，你到底認為佛的生命在狗的身上是有還是無呢？」趙州和尚對弟子教導說：「哪裡有什麼有與無？有即無，無即有，關鍵是你看到了沒有。」

弟子聞聽，頓時開悟。

故事二：一位年輕的旅遊者在草原上與一位牧羊的老人邂逅，他問老人：「您在這裡生活得好嗎？」老人反問：「你的家鄉怎麼樣？」旅遊者說：「遭透了，又閉塞又落後。」老人忙說：「那你快走吧，這裡和你的家鄉是一樣的。」後來又來了一位旅遊者，向老人提出同樣的問題，老人又同樣反問他，新來的旅遊者滿懷深情地說：「我的家鄉很好，田野溪流，樹木房舍，還有親人鄉鄰，都讓我十分想念啊！」老人便說：「這裡就像你的家鄉一樣美好。」有一位旁觀者覺得不解，問老人為何對同樣問題卻作出截然相反的回答。老人說：「好與不好並沒有明確的分界，有的只是人心的感覺而已。你心中裝著什麼，才會找到什麼啊！」

在狗身上看到佛性的便是有，看不到的便是無。胸懷不滿和沮喪去尋找美好歸宿的人，註定找不到；而心中充滿愛意和美麗的人，才會發現自己的綠洲。這看似複雜玄奧的現象，其實只說明一個道理：世界上沒有絕對的東西，你手中的任何一張牌，都有完全不同的正反兩個面。

高貴的慚愧心

在一個緬懷百歲高僧淨嚴老法師示寂十周年的座談會上，主持人請一位比丘尼發言。這位比丘尼站起身，半天說不出話來，眼中卻湧滿淚水。後來她說的第一句話是：「我很慚愧。」她斷斷續續講述著老法師對她的教導，對她的培育之恩；講老法師為佛教為世人所作的無私奉獻，講老法師光耀星月，不畏磨難的品德……在她的講述中，她不斷地檢討，反省著自己。說自己離老法師的要求還太遠，做的事情也太少，對師恩的報答，也十萬不及其一。在整個的發言中，「我很慚愧」這四個字始終貫穿其中。在場的人都靜靜地傾聽著，我看到一些女居士不停地以手拭面，陪著她流著真誠的淚。

這位比丘尼就是淨嚴老法師的弟子，洛陽白馬寺塔院的心空法師。

我因參與撰寫《百歲高僧淨嚴法師傳》的緣由，曾幾次就寫作中的一些具體問題赴洛陽請教心空法師，她每次都提出非常詳盡的意見，並且補充一些我們所不知曉的內容。在後來的書稿修訂、出版等方面，也做了許多事情。在我的印象中，心空法師待人誠懇，學識淵博，處事十分認真，是一位品德高尚的佛門弟子。現在，耳聽她一口一句的「我很慚愧」，卻不由自主地陷入深深的思索中。

英國作家卡萊爾曾說：「慚愧心是高尚品德的源泉。」也就是說，一個人有無慚愧之心，是檢驗其品德是否高尚的一杆尺規。因為作為一個人，無論是佛門弟子還是凡俗眾生，沒有錯誤和過失的，幾乎沒有。而有了錯誤或過失，能否認識到，認識到了又如何對待，卻是因不同的人而又有所不同的。

在現實生活中，我們也常常看到一些人，他們總是認為自己做得對，做得多，總認為別人對不起自己，認為自己吃了虧。有時候他們也心中明白自己的錯誤和過失，但卻為了面子和利益，不願承認，千方百計文過飾非，巧言相辨。這樣的人，是不會有慚愧心的。而有慚愧心的人，也決不會這樣。

一個有慚愧心的人，並不會被人低看，因為有慚愧心的人是高尚的。甚至可以說，常具慚愧之心，是高貴的。

放下放下放下

佛陀住世時，有一天一位叫黑指的婆羅門來到佛面前，雙手各拿一隻花瓶，獻給佛陀，並向佛陀請教破除煩惱、獲得幸福的方法。佛陀聽後指著他說：「放下！」黑指婆羅門馬上將左手中的花瓶放在地上。佛陀又說：「放下！」黑指婆羅門又急忙將右手中的花瓶放在地上。佛陀依然對他說：「放下！」這時黑指婆羅門將雙手攤開，不解地看著佛陀說：「我現在已經兩手空空了，再沒有東西可以放下，您讓我再放下什麼呢？」

佛陀見婆羅門這樣，就笑了，說：「我並沒讓你放下手中的花瓶，我是讓你放下那些想要擁有幸福和快樂的念頭呀，這就是我教你的方法。當你不再為如何得到幸福和快樂而痛苦煩惱時，你就身在幸福和快樂之中了。」

黑指婆羅門當下領會了佛陀的道理，禮拜而去。

幸福和痛苦，快樂和煩惱，都是人心的一種感覺而已，並不是外在的東西可以決定的。當你執著於一種東西而又得不到時，就處在痛苦和煩惱之中，而當你放棄這種執著的心念，便會輕鬆快樂起來。因此，做任何事情，都不要太注重成功或失敗的結果，只管努力去做就行了。

愛的良藥

一天，在仙崖禪師的禪院中，他巡寮時發現一位貪玩的學僧不在寮房，又在寺院的一處高牆下看到一隻高腳凳子。原來這位學僧耐不住寺院的寂靜，便常常利用晚上的時間，偷偷翻牆出去玩樂。

仙崖禪師沒有驚動任何人，只是順手將凳子搬到一邊，自己坐在牆下，等那學僧歸來。夜深人靜，年輕學僧遊玩回來，不知牆內的凳子已經搬走，便從牆上翻下，卻感覺腳下的凳子變軟了。下來一看，原來自己剛才是踩在仙崖禪師肩上，一下子驚得動彈不得，跪在地上顫抖不已。

仙崖禪師見此，走來把他拉起，並安慰他說：「夜深露重，小心身體不要著涼，快回寮房休息去吧。」

學僧回房之後，心中一直忐忑不安，擔心禪師懲處自己。但事情一天天過去，禪師從不提起此事，更無一人知道。學僧深自慚愧，再沒夜間外出過，並勸阻其他學僧違規夜出。

若干年後，這位學僧經過刻苦歷練，終成一代名僧。

仙崖禪師若按叢林制度，是可以重重處罰這位學僧的，並作警示他人之用。但他沒有那麼做，他只是用自己的慈悲心作凳，將那違規者接下；又用愛心安撫，使他不處在恐懼中；再以寬恕心相待，讓他自己認識自己，反省自己，改變自己。

就像醫生治病一樣，要選擇適當的藥石。對待犯錯誤的人，也一樣需要對症下藥。以慈悲、愛、寬容為藥可以療「病」，以懲處為猛劑也可以糾錯。但是，在懲處之前，一定要先施以愛心，因為只有愛，才可以真正地深入人心。

掃地掃地掃心地

民國年間，在我的家鄉河南新鄭縣城內，有一座小寺院，名白塔寺。寺內有一老僧，法名海清。這位海清和尚，平日裡訥於言語，不聲不響，除了禮佛，就是不分冬夏春秋的，必在清晨天光將亮之時，從寺院的山門掃起，將縣城內的一條東西街道，打掃一遍。一邊掃，口中還念念有詞。開始時有早起的人聽了，都當老和尚是在念的什麼經文，可有好事者留意聽後，方知老和尚每天念的，就只一句話：「掃地掃地掃心地。」於是，向前請教，為何你掃地便掃地，卻說是掃什麼心地？老和尚不理，自念自的。等那人問多了，便反問：「你真想知道？」那人說：「想知道。」老和尚於是說：「那你跟我一起掃地，一年後我便告訴你。」那人笑，笑過之後走了。

老和尚繼續掃他的街，不避寒暑風雪，每日如舊，以至在新鄭城內的東西大街兩旁，居民每天起床，都是聽著老和尚的掃帚聲才開始的。

不久城內駐軍換防，來接替防務的是一位上校團長，姓韋。某日，下屬向他報告，有一白塔寺的老和尚，每日清晨天將亮時，在東西大街上掃地，兵士禁止，他自稱已經掃幾十年了，請長官不要干涉出家人的修行。韋團長聽後感到奇怪，和尚修行，不在寺院之內，怎麼到大街上去掃地？其中可有什麼奧妙？也是這位團長的緣分至此，他於是便換了便服去寺院裡探訪。寺院的方丈接待了他，告訴他說：「老和尚是我的師父，沒從方丈位置上退居時，就開始每天掃那城中的路了，幾十年沒有間斷過。我們做弟子的想接替他老人家，他不許，說每人修行是每人的，豈可替代？我們也就只好依著他了，不知施主為何問這個？」韋團長提出想拜見一下老和尚，請教些佛法道理。方丈搖頭：「老和尚有吩咐的，這幾日不見外人，施主請回吧。」

那韋團長也是個不達目的不肯甘休的人，心想，老和尚不是每天必來掃街嗎？我何不就在清晨的街邊等他？於是，韋團長就第二天起了個早，天不亮就站在街邊等著。果然就看到一個穿僧衣的身影，從寺院的山門那邊，揮帚向這邊掃了過來，邊掃口中邊念那句幾十年不變的「掃地掃地掃心地」。韋團長聽了，心中不覺一動。

看老和尚掃到身邊，又由身邊掃了過去。他本想上前問點什麼的，但他卻站著沒動。嚓嚓的掃地聲和念誦聲漸漸去遠，他默默看著那黎明中的身影，直到副官找來，向他行禮，才如夢方醒，命令道：凡我部官兵，今後見老和尚掃街時，都要恭敬行禮！

不久，城內駐軍集體皈依佛門，成為海清法師的弟子。在皈依儀式上，老和尚只是說：「我是一個掃地的和尚。世界充滿塵垢，道路充滿塵垢，人心裡面，更是充滿了塵垢，所以我要掃，不停地掃。你們做我的弟子，也要跟我一起掃啊。」已是弟子身分的韋團長，代表眾皈依弟子發言說：「軍閥混戰，爭權奪利，遍地污垢。作為軍人，我們本應像師父一樣掃塵除垢，但我們卻常常成為製造污垢的工具。今天一旦醒悟，決不再行罪惡之事。」

又不久，那掃地的老和尚身邊，果真多了一個掃地的中年沙彌。

此事一時成為頭號新聞，各地報紙紛紛報導。有一家報紙這樣說：「因感世界污穢，全團皈依佛門，團長做了沙彌……」

牛迦草

這是一則佛典中的故事。

相傳在古老的印度，有一種神奇的草，叫牛迦草。人若吃了這種草，就會忘記曾經的一切事情。因此後來的人在遇到痛苦和煩惱時，就會去尋找這種草，希望借此來忘卻過去，解脫痛苦。這種草後來也傳來中國，人們叫它忘憂草。

怎麼會有這樣的一種草呢？

據說在二千五百多年前，印度的拘薩羅國國都舍衛城，住著一對兄弟，哥哥叫摩訶盤特，弟弟叫周利盤特。摩訶盤特的記憶力特別好，因此十分博學，年輕時就成為有聲望的學者，在家裡招收學生，傳授知識。而弟弟周利盤特則是「忘性超強」，不管什麼事情，他轉身就忘得一乾二淨，所以就做什麼都失敗，成為滿城人的笑柄。

但是，這位忘性超強的弟弟卻非常想像哥哥那樣，成為一個有學問，讓大家尊敬的人。恰在此時，世尊釋迦牟尼來到舍衛城附近的祇園精舍，許多人都紛紛前去聽法，並皈依成為世尊的弟子。摩訶盤特也在朋友的影響下前去聽法，大受啟迪，因此決心也要成為世尊的弟子。弟弟周利盤特知道後，纏著哥哥也要去聽法，也要成為世尊的弟子。摩訶盤特知道弟弟會遭人嘲笑的，況且世尊的佛法，弟弟肯定聽不懂，所以就要他留在家裡。但弟弟死纏軟磨，哥哥只好帶他去一起拜見世尊，請求收他和弟弟為弟子。

世尊身邊的弟子們看到盤特兄弟兩個，就對世尊說：「那位哥哥非常優秀，而弟弟卻是全城人都知道的傻瓜，您還是不要留下他吧，免得自找麻煩。」世尊卻說：「我們不能夠以貌取人啊，我的教法是不分對象的，對所有嚮往佛法的人，我都為他打開寬敞的大門。」就這樣，盤特兄弟成了佛陀的弟子。

但周利盤特的確是太沒記性了，無論大家怎麼費勁教他，他都無法記住哪怕最簡單的佛理教規。比丘們終於不能容忍，便背著世尊要趕走周利盤特。哥哥摩訶盤特求情說：「請等到下次集會吧，到那時我會讓我弟弟向大家展示他的修行成果，若他還是不行，我會親自趕他走的。」哥哥為了弟弟不被趕走，想盡辦法教導他，希望他能夠記住一些東西。

集會的日子到了，但周利盤特面對眾比丘，還是什麼也說不出來，兄弟倆同時遭到大家的一番嘲笑。哥哥摩訶盤特再也無話可說，只好將弟弟趕出了祇園精舍。恰在此時，世尊從精舍外的樹林裡經過，聽到周利盤特在哭，就問他為什麼在這裡傷心，周利盤特告訴世尊：「我被哥哥趕了出來，再也不能留在這裡，也不能回家，我無處可歸了。」世尊對他說：「無處可歸，那你就到我那兒去吧。」周利盤特不敢相信地問：「到您那裡？」世尊反問他：「你難道不是我的弟子嗎？」周利盤特說：「哥哥他們說，像我這種傻瓜，是不配做世尊您的弟子的啊。」世尊則平靜地問周利盤特：「你覺得自己是傻瓜嗎？」周利盤特答：「可是哥哥這麼說，大家也都這麼說，我好像真的是傻瓜了。」世尊就對周利盤特說：「你能有這種感覺，就說明你不是傻瓜啊。」周利盤特聽世尊這樣說，吃驚地瞪大了眼睛，迷惑地看著世尊。世尊又說：「發覺自己是傻瓜的人，就已經不是傻瓜了。」

世尊將周利盤特帶回了自己的住處，親自教導他，並且只教他四個字：掃塵除垢。等周利盤特記住這四個字後，世尊將一把掃帚交給他說，從現在開始，你就拿著這把掃帚打掃精舍，每天邊掃邊念，你就不會忘記了。

從此，周利盤特果真每天拿著世尊給他的掃帚，從早到晚，邊打掃精舍，邊口中念著「掃塵除垢」。就這樣日復一日地掃著，突然有一天，周利盤特發現手中的掃帚很髒了，掃帚上的毛也掉了許多，拍一拍，便塵土飛揚。他突然意識到，掃帚很髒，自己的身上也很髒，自己的內心更髒。他就在這一瞬間開悟：世尊是要我掃內心的塵，除內心的垢啊！他於是大喊起來：「我知道了！我知道了！」

世尊聽到了周利盤特的聲音。

於是，世尊派周利盤特去一個臨近的比丘尼精舍，讓他代表自己去向比丘尼們傳達教誨。通常這被派去的比丘，都是僧團裡最優秀的才行。這天世尊要派周利盤特去，哥哥摩訶盤特和眾弟子都感到不可思議，齊聲說：「他怎麼行？會被女弟子們給笑死的。」周利盤特自己也連連叫著：「我辦不到！」世尊卻對周利盤特說：「周利盤特，周利盤特，你辦得到的。你不必像其他人那樣能言善辯，你自有你的專長。放鬆你的心情，照心想的自然去做就行了。」世尊要阿難陪伴周利盤特一起去。

阿難和周利盤特一起來到比丘尼精舍，比丘尼們早就等在那裡了。但當她們看到拿著掃帚的周利盤特時，都很吃驚，紛紛議論起來，認為這是比丘們看不起她們，所以才派一個隻會掃地的傻瓜來。阿難看出了大家的心思，說這是世尊親自安排的，並十分恭敬地請周利盤特開始講法。但一個比丘尼卻叫起來：「這個人好髒啊！」周利盤特聽後不但沒有生氣，反而高興地說：「你說對啦！」接著周利盤特說了一番讓比丘尼們無比驚訝，也無比感動的話：「我的身體很髒，但更髒的，是我的心。世尊給我這把掃帚，讓我邊掃邊念『掃塵除垢』，這個我辦得到。我每天揮著掃帚，不斷頌唱世尊教給我的這句話，直到有一天，我看到變得破爛的掃帚，我才發現了，到底塵是什麼？垢是什麼？那就是我內心的塵，我內心的垢！我的心充滿了欲望，充滿了不滿和憤怒。世尊讓我掃的，就是這內心的塵垢。讓欲望消失吧，讓不滿和憤怒都統統消失吧！我掃啊，我每天不停地揮動著掃帚來掃，但總也掃不完掃不淨，塵垢照樣飛揚上來，我內心的塵垢也一直飛揚上來。怎麼辦？難道掃不完就不掃了嗎？不，不對啊。我要不停地掃下去，就是因為掃不完才不斷要掃。這個我辦得到的，只有這樣了！」

周利盤特的話像一道光芒，穿過了在場的每一個人的內心。他的話停了下來，比丘尼們卻又感動又高興地流下了眼淚。

阿難和周利盤特回到世尊那裡。阿難向世尊和眾比丘報告了周利盤特不同尋常的演講。世尊說：「悟道不一定要學習許多的東西。即使只是一句話，若能正確、深入地瞭解它的深意，一樣可以步上正道。像周利盤特那樣，不，就因為遇上了周利盤特，我才有機會用有別於常人的方法教導他真理。」接著世尊又意味深長地對身邊的弟子說：「每個人各有他自己應走的道路，你們說是嗎？」那些曾經嘲笑周利盤特的比丘們，紛紛合掌懺悔：「我們錯了，世尊。」摩訶盤特也向弟弟承認了自己的過錯。

從此，在世尊的僧團裡，再也沒有人輕視這位「忘性超強」的周利盤特了。

後來，周利盤特以他不同於一般的修行，證得阿羅漢果位，在全城人面前屢屢顯示奇異的行跡，令當地人知道了佛的偉大教法，可以讓任何一個人在自己應走的道路上成就事業。當然，再也沒有人嘲笑周利盤特，大家知道他是一個不同尋常的比丘。甚至越到後來，人們還把他神話了，說他有著種種不可思議的神通呢。

再後來，周利盤特死後，人們傳說，在他的墳墓周圍，長出了令人不可思議的草，這就是牛迦草。

禪門家風

禪宗史上，有位知名的晉迨禪師。他有一個愛好，就是養植蘭花。在他住持的禪院裡，人們到處可以看到各種各樣的蘭花，品種繁多。香客遊人來到寺院聽法禮佛，看到滿架的蘭花暗香四溢，清幽甘暢，都不由得讚嘆不已。也由此，人們將喜愛蘭花的晉迨禪師叫作「蘭花和尚」。

某日，晉迨禪師應邀去寺院外講經說法。行前，他將一位弟子叫到跟前，對弟子說，我去講法，天黑才回來，你要替我好好照看這些蘭花，記住給它們澆水。

弟子知道禪師鍾愛蘭花，因而在他走後看護得很仔細，在給蘭花澆水時更是分外小心。真是怕處有鬼，越是小心就越是出差錯。他一個不留意，腳下一絆，竟將一個蘭花架子撞倒，整架的蘭花轟然一聲倒地，瓦盆破碎，花葉零落。看著一地的殘花爛泥，小沙彌嚇壞了，不知如何是好。晉迨禪師的其他弟子看到了，過來幫他收拾，並對這位弟子說，等天黑師父回來，你就照實認錯吧，師父是不會責難你的。

晚上，晉迨禪師回到了寺院，弟子向師父報告了白天發生的事情，他想師父知道心愛之物被毀，一定會生氣惱怒的，因此他請求師父懲罰自己。晉迨禪師聽後只是平靜地笑笑說：「你既然不是故意的，又知道了東西被毀不是一件好事情，以後自會用心做事，我還怪你什麼？我的確喜歡蘭花，視蘭花為朋友。但我種植蘭花的目的是為了香花供佛，美化寺院和大眾心境，不是為了生氣煩惱的啊。世事無常，轉瞬即逝，沒有什麼東西是不滅不壞的，我怎會執著於心愛的東西而不知割捨？這可不是咱們的禪門家風呵！」

弟子聽了禪師的一番教導，霍然有悟，更加勤於修持，終於也在佛學上有所成就。

佛說，一切有為法，如夢幻泡影，如露亦如電。世上的任何東西，無論我們認為美好或是醜陋，喜歡還是不喜歡，都是有生有滅，不會永存的。所以不應拘泥於事物的外相，而應隨緣安心。這不但是一個禪者應有的風度，即便是普通的人，也應知道順應事物的變化，不讓外在事物改變內心世界的平靜。

百歲高僧與大相國寺

百歲高僧淨嚴老法師與開封大相國寺，有著一種令人心痛的特別因緣。透過這一貫穿了半個多世紀的因緣，我們隱約可以看到中原佛教的一個側影。也可以看到開封這座歷史文化古城，在或天災或人禍的劫難中，是怎樣面對歷史和文化的。它的與眾不同，當我們今天借助百歲高僧與這座名城古剎的因緣觀看時，不能不引起我們沉重的思索和思索的沉重。

1

大相國寺始建於南北朝時的北齊天保六年（西元五五五年），據今已有一千多年的歷史。幾毀幾興，數易寺名，到北宋建都開封後達到極盛，被尊為國寺，曾轄六十四座禪律院，是以影響深遠，名播海內外。但到淨嚴法師荷太虛大師建立中原新佛教之命來到開封時，這座千年古剎早已不復昔日的莊嚴和輝煌，僧眾惟知經懺飲食，寺院形同市井商場。

一九二五年秋，淨嚴法師初至開封。當時開封是河南省會，中原地區的政治、經濟、文化中心。而相國寺雖已破敗，但較其他寺院而言，卻還是一座大寺。

一天，淨嚴法師在當時的省會名流、大居士任芝銘和孔澤普的陪同下，一起來到大相國寺。那時相國寺有一百多名僧人，方丈是敘惠和尚。淨嚴法師一行並非純粹遊覽觀光或拜佛朝聖，而是欲聯合大相國寺的力量，共同組建河南佛教會，以期推動河南新佛教，實踐太虛大師「人生佛教」的嶄新理想。

三人來到相國寺內，任芝銘因與敘惠和尚有同鄉之誼，經常走動，所以十分熟識，就領淨嚴和孔澤普直接來到方丈室。敘惠見任芝銘到來，十分親熱。當任芝銘向敘惠介紹淨嚴法師乃太虛大師學生，又曾從學國內佛學名家韓清淨時，敘惠和尚連稱：「大善知識，大善知識啊！今後河南佛教，還要多多仰仗各位……」淨嚴法師說明太虛大師已組成中國佛教會，並號召各省也組織佛教會。河南是中國佛教的發源之地，決不能落後於全國時，敘惠和尚反應積極，表示相國寺僧眾一定不負眾望，當盡全力參與，辦好這件大事情。

這天中午，淨嚴法師三人在敘惠方丈的熱情挽留下，還在相國寺附設的素餐館品嚐了豐盛的素齋。

但這第一次與相國寺的接觸，給淨嚴法師留下的印象卻是苦澀的。因為在此後不久召開的河南佛教會成立大會時，敘惠和尚為了一己私利，提出凡省會開封各寺院僧人均可參會，均可行使代表權利，而僅相國寺就有一百多名僧人參會，令全省各地趕來參會的代表大為不滿。各地代表憤而退會，四散而去，使會議無法舉行。成立河南佛教會的計畫，也只好擱置下來。

這次依靠相國寺開展河南新佛教的計畫流產後，淨嚴法師及慕西法師、袁西航、劉積學、任芝銘、孔澤普等開封佛教大居士集會，認為要推行太虛大師的「人間佛教」思想，必須放棄依靠現有寺院、僧眾的想法，另設團體。淨嚴法師提出組建「河南佛學社」的建議，大家一致贊成。於是河南新佛教運動由此開始。

2

淨嚴法師與大相國寺的第二次因緣，是在抗日戰爭時期。當時河南省會開封為日軍佔領。日本軍國主義者為了美化侵略行徑，達到收買人心，鞏固其法西斯統治的目的，組織了

「東亞佛教會」，並且還將在國民黨統治時期以「廟產興學」之名而廢毀的佛教寺院予以扶持恢復，招攬僧徒，迷惑大眾。

相國寺在一九二七年也遭遇劫難。基督將軍馮玉祥主持豫政時，將相國寺僧人驅散，改寺院為娛樂雜耍之地。十三年後的一九四〇年，日偽統治者將相國寺中跑馬賣藝、江湖星術之流全部遷出寺院，宣佈恢復大相國寺的佛事活動，一些流散各地的僧人也有返回寺院的。但十多年過去，當年的相國寺方丈敘惠和尚已不知流落何方，生死不明。日本佔領軍為了提高聲望，欲請淨嚴法師充任相國寺方丈。

一日，日軍駐開封司令官中島驅車來到鐵塔寺，向淨嚴法師言明請其升座相國寺方丈的意圖。此時淨嚴法師已接太虛大師託人自重慶捎來的信函。大師在信中說，北京、上海、杭州等淪陷區，一些佛教界人士經不起日本人的引誘和壓力，參加了日偽佛教團體，這是對中華民族犯罪的行為，希望淨嚴法師及河南佛教界人士能自善其身，免為日寇利用。

面對中島的「邀請」，淨嚴法師以鐵塔寺和佛學社事務繁多，無法分身為由，一口回絕。中島是個殺人不眨眼的法西斯魔頭，見淨嚴法師絲毫不給自己面子，心中自是惱恨。但他也深知淨嚴法師在開封百姓、軍政各界及國內佛教界的影響，所以不好發作，只好悻悻而去，留待以後再尋機會報復。

其實，淨嚴法師何嘗不想住持大相國寺？那千年古刹凝結著多少大德祖師向佛的願心，又有多少感人至深的動人傳說？但現在，日寇很明顯是在借開放寺院，恢復佛教為幌子，實則是在假佛教名義，收羅人心，為其亡我中國服務。

淨嚴法師一身正氣，人品高尚。他最鄙視那些為一時的利益得失而出賣靈魂的人。因此，這與大相國寺的第二次因緣，就這樣結束了。

3

淨嚴法師與開封大相國寺的第三次因緣，前後持續達四十年之久，直到老法師圓寂後相國寺歸還佛教。回憶這段歷史，不禁令人扼腕悲嘆，感慨萬千。

早在中華人民共和國成立之初的一九五三年，淨嚴法師赴北京參加第一屆佛教代表大會時，就在會議上提出恢復開封大相國寺佛教道場的建議，並得到與會代表和剛選出的中國佛協領導的支持。因為自抗日戰爭勝利後，開封相國寺因是日本人恢復扶持的寺院，又隨之被廢為市場。新中國成立，則改為文化、娛樂活動場所。但淨嚴法師和佛協的第一次請求沒得到答覆。一九五七年第二次全國佛教代表會議在京召開，淨嚴法師又提出恢復相國寺佛教寺院的問題，並直接向中央有關部門遞交了請求報告，卻依然無任何結果。直到「文革」後的第四次全國佛代會召開，開放相國寺問題又被提起。當時任全國人大副委員長的班禪大師和新當選全國佛協會長的趙朴初居士，都支持淨嚴法師的請求，並致書中央、省、市各有關部門領導，但問題還是懸而未決。

對淨嚴法師刺激最大的，是一九八三年底日本國京都相國寺訪華代表團專程赴開封大相國寺尋根朝聖。日本京都相國寺是日本佛教徒受中國開封大相國寺的影響而修建的，在日本佛教界廣有影響，為日本「五大本山」之一，擁有數百萬信眾。此次日本京都相國寺訪華團來開封大相國寺參觀朝拜，令各級政府，特別是開封市政府又高興又擔憂。高興的是可以借此擴大影響，吸引外資；擔憂的是相國寺早非佛教場所，無僧人住持，恐引起客人不滿，造成反面影響。省市有關部門這時想到了淨嚴法師，急請淨嚴法師陪同日本訪華團參觀大相國寺。參觀結果不但日本客人大失所望，對淨嚴法師更是一種折磨和打擊。因為在大相國寺內，他們看到有關部門為了賺錢，正在搞褻瀆佛教精神的怪胎、死嬰及乾屍、木乃伊的商業展覽。

送走了日本客人，時已九十多歲高齡的老人再也無法忍受。他知道自己生命的道路將要走完，現在他要拼出生命最後的力量，來完成莊嚴相國寺佛教道場的悲願。可雖然老人四處奔走呼號，並有班禪大師、趙朴初會長的支持及四眾弟子的呼應，但相國寺歸還佛教的問題，卻仍如一個皮球，被當權的人和部門踢來踢去。

一九八九年春，趙朴初會長自北京發來專電，告知淨嚴法師，國務院宗教局已通知開封市政府，依國務院辦公廳指示，令開封市政府開放相國寺或鐵塔寺其中一座寺院作佛教活動場所。趙會長要老法師作好接受進駐相國寺的準備。

沒有什麼比這消息更令這位元年近百歲的老人激動了！自一九二五年初來開封與大相國寺半個世紀的因緣，千磨萬煉，終於有了一個善的結果！

但淨嚴老人高興得還是太早了。儘管有國務院的指示檔，但地方政府卻並不當回事，絲毫沒有辦理歸還的行動，而是以各種藉口拖延。淨嚴老法師及弟子、道友們在無奈之下，決定採取實際行動，促使有關部門執行上級指示。

一九八九年五月十二日，淨嚴老人率明心、湛羽、心廣、心德等僧人及眾居士進入相國寺，並住了下來。淨老進駐開封大相國寺的消息馬上傳遍了國內佛教界，得到了強大的聲援。地方政府有關部門先是勸老人離寺等待，答應馬上解決問題，遭拒絕後竟使出欺騙手法，將老人騙出寺院。

在淨老住持二十天後的六月初，市有關部門派車去請淨老，聲稱市里召開四大宗教會議，其他負責人都到齊，只等淨老。淨老不到，會議無法舉行。老人為了顧全大局，就上了車。但他哪裡知道，他剛一上車出了寺門，留住寺內的僧人居士，便被強行拉出寺院，等老人知道上當受騙，為時已晚。

自此，淨嚴老人在他的有生之年，再沒有踏入相國寺的大門。但老人直到生命的最後時刻，也沒有放下大相國寺回歸佛教的問題，他是在大願未了和對弟子的聲聲囑咐中走入常寂光的。值得告慰百歲老人的是，在他圓寂一年後一九九二年四月，大相國寺終於歸還佛教。並且，在趙朴初會長的提議和主持下，在大相國寺為淨老舉行了示寂回向法會。趙老親致了情真意切的悼詞。

現在，開封大相國寺歸還佛教已經十多年，他的弟子已經住持在這座千年古剎。百歲老人，你當可以在常寂光中微笑了吧！

東方山之行

1

陽春三月，我應源樂法師之邀，在東方山逗留了幾天，得以對這座「三楚第一山」有了些零距離的接觸和切身的感受。那時源樂法師在東方山的弘化禪寺，編輯一份佛教報紙《覺有情》。邀我去的因由，是東方山弘化禪寺的方丈正慈法師受湖北省佛教協會的委託，正籌辦一份佛教刊物，擬名《正信》。正慈法師在擔任弘化禪寺方丈的同時，還擔任湖北佛協的常務副會長。源樂法師是《正信》籌備組的成員，受正慈法師委託物色編輯人員。

東方山位於湖北黃石市境內，傳說漢代名士東方朔曾隱居於此並得道成仙，故得名。那天我在武漢下火車時，天空已經淅淅瀝瀝地在下雨了，等汽車到了東方山下，雨已下得大起來。車沿著盤旋的山路，在雨幕中穿行了大約二十來分鐘。也許是天近黃昏，也許是第一次在寂靜的山雨中行進，我當時的心中，有一種莫名的感覺。

2

源樂法師和另一位年輕的法師一起，已經在雨中等候。源樂法師還和幾個月前我見到的那樣，身體看上去有些弱。但他看到我從車裡下來時，還是興高采烈地走上前來，先是雙手合十問詢，繼而與我緊緊握手。望著眼前的這位老僧，這位在二十多年前就與我相識相交的老詩友，不由得感慨萬千。

與源樂法師的交往，可以追溯到上個世紀的八十年代初。那時我和朋友一起編輯一份不定期的民間文學刊物，源樂法師是我們的重要作者之一。他的古詩詞寫得很有功力，內中許多慷慨激昂之處，令當時年輕的我們讀得熱血沸騰。聽說他寫得最多的是劇本，可惜我無緣讀到。後來刊物停辦，大家也就漸漸地斷了聯繫。直到二十一世紀初的一天，我去開封的河南佛學社，看到編輯佛刊《晨鐘》的一位老僧人，十分面熟，彷彿在什麼地方見過，但一時又想不起來。後來一交談，才知道現在的源樂法師，就是當年的詩人黃銘勳。匆忙間，時光就過去了二十多年，他已由壯年進入老年，且出了家；而我也由那時的熱血青年，跨入了中年的行列。

歲月滄桑中，我們都經歷了自己的追求、夢想、幻滅和再生。想不到我們的相逢，竟是在佛門之中。這莫不是冥冥之中一種無法言說的約定或宿分？

3

天近黃昏，又是雨天，山路上早已沒了香客遊人，風景區的大門也落了鎖。守門的人，見車停在門前，就開了鎖。源樂法師介紹說，那位年輕僧人是弘化禪寺的辦公室主任。我不禁有些好奇，在北方的寺院裡，還沒聽過有這樣的設置。由此也可見到，寺院也在現代化的進程中現代化了，連辦事機構和人員的稱謂，也都採取了社會單位的樣子。

弘化禪寺座落在近山頂處，這在其他地方是不多見的。一般的佛教寺院，都座落在山腳或山腰裡；而只有道家的廟觀，才會建在山頂最高處。據說是因為兩家不同的教旨所致。佛家追求的是涅槃解脫，而道家則追求成仙升天，當然是離天越近的地方就越好越方便些。考慮到東方山的佛道淵源，也就不難解釋了。

到達弘化禪寺時，雨下得更大了，天也完全黑了下來。山中的夜，是真正的黑夜，沒有燈火就真的是伸手不見五指。源樂法師說，正慈方丈下山還沒回來，剛才來電話，讓我們先吃飯，一會他回來再一起晤談。源樂法師將我領到一座三層樓前，說方丈和寺裡的多數僧人都住這樓上。源樂法師也住這裡，是底層的一套二室一廳，廚房衛生間樣樣齊備。他住一間，寢辦合一。另一間是方丈的師兄清遠法師居住的。引人注目的是，他們這套房的門口，掛了一塊很大的牌子，上書：東方山詩社。

我們在他的房間談了一些各自的近況，辦公室主任來請我們去小餐廳用餐。出了屋門，只聽漆黑裡一片的雨聲，我幾乎什麼也看不見，只好緊隨了源樂法師摸索著向前走。

源樂法師曾經向我介紹過，正慈方丈年富力強，是中國佛學院畢業的研究生，被東方山的前方丈，也就是他的師父召回山接任方丈的。正慈法師還是國內「第一個帶著電腦上山的僧人」，這在佛教界曾一時傳為佳話。這些介紹和傳說令我興奮。可以想見這位年輕方丈的與眾不同，是一位極具現代意識的僧人。源樂法師還說，年輕的方丈立志佛教文化的研究弘揚，求賢若渴。

我想馬上見到這位大善知識。

約二十一點多，源樂法師說方丈回來了。我們上到二樓，進入最裡面的一套房，那便是方丈室。

正慈方丈看上去三十多歲，戴副眼鏡，一看就是個知識份子僧人。在整潔明亮的小客廳裡，他請我們坐下來。但他事務繁忙，屋裡人來人去地不斷，電話也不斷。有找他在什麼票據上簽字的，有彙報工程情況的，還有請示明天工作安排的。源樂法師陪我坐在那裡，卻插不上什麼話。後來辦事的人總算沒有了，但正慈法師已經面露倦容。源樂法師見此，便起身帶我告辭，說明天再說吧。

是夜，我被安排在二樓的一間招待室裡，同住的是一位姓周的小夥子，他在當地的鄉政府供職，是因為心煩了特意到寺裡來靜心的。

4

第二天天不亮，就被一片嘈雜的人聲腳步聲驚醒。原來這天是農曆十五，是香客信眾燒香拜佛的日子。

這天沒有見到正慈方丈，據說他一早就坐車下山去了。

源樂法師帶我去黃石市區遊看。那裡有個磁湖，據說當年蘇東坡因「烏台詩案」被貶這裡做黃州團練副使時，曾與黃庭堅等文朋詩友在湖上駕舟飲酒，吟詩作詞，故而此後的文人墨客至此，也大都要在這磁湖留連一番，或駕舟湖上，或飲酒亭榭，作一番風月無邊的追憶與表演。我和源樂法師也算是恭忝此列吧。但磁湖真的很有韻味，也很大，在雨霧之中，看上去頗有些浩瀚。那天我們去時，剛開始是陰天，後來下起濛濛細雨來，所以在磁湖之畔漫遊，便見湖面上煙霧繚繞。湖的遠岸，是青山石影。山光水色中，一片寂靜，令人心曠神怡。

這確是一個好地方。我當時就想，假若真的來東方山編輯刊物，就提個建議，不住寺裡，而在這磁湖之濱租間房子，居辦合一，公私一處，當是一件美妙的事。

有此想法的另一個原因，是我發現，這黃石市，不知為何，市場經濟的商業意識似乎還很淡薄，沒有其他地方那樣，到處都是做生意的店鋪攤販，一片的喧囂市聲。這個城市很安靜，街上人也沒有那麼稠密，且乾淨整潔。特別是這離市區有一段路的磁湖，長長的湖濱大道上，不要說遊客，連行人都很少。這對當地的經濟可能不算一件好事，但卻頗合我的心境。我將這個想法告訴源樂法師，他和我一樣興奮，這可能就是文人的一種幻想或者說羅曼蒂克吧。

當然，我的這個小心願沒有實現。兩天後我離開東方山時，一切就都成了往事。

在人的一生中，許多的地方，許多的人，許多的事情，往往都在不經意的一揮手間，成為永別。我想我因為源樂法師的緣由，相識的東方山和磁湖，若無另一段因緣的發生，今生重逢的可能性是很小了的。

5

我和源樂法師下午回到東方山時，天已變晴。在弘化禪寺山門前的停車場下車後，源樂法師說，我們繞小道回寺吧。弘化禪寺依山而建，從停車場到寺院，還有幾百米的石階坡道。坡道兩邊，則是一家接一家賣香燭、紀念品或小百貨的店鋪，其間也夾雜著幾家小飯店。令我新奇的是，在山門的一側，還建有一間土地廟，裡面供奉著的是土地神夫婦，也就是通常說的土地爺土地奶奶老倆口兒，並且香火還挺不錯的。可見此地鄉民，對中國這位離他們生活最近的小神，還是滿有感情的。而在我生活的北方地區，土地、城隍、山神之類的舊日神明，是早已沒了影子的。後來我和源樂法師在山中遊轉時，看到其他一些小寺院也大都如此，在寺門外建有山神廟或土地廟。也有的就乾脆佛道不分，佛祖與玉帝供在一個臺子上。這大概可以佐證此山「仙佛一家」的特色。源樂法師還引了一句宋人的詩為證：「白蓮智印蟠桃朔，仙佛同歸一道場。」「白蓮智印」指的是東方山佛教開山祖師智印和尚，他的墓塔就在弘化禪寺裡面；「蟠桃朔」當然就是東方朔這位老先生了。關於他們，都有很多的神奇傳說。這也是幾乎每一座名山勝景都有的常例。

就像幾乎所有的名山都會總結出「八景」之類的名勝古蹟一樣，許多地方的傳說也都極為相似，不同的只是張三換了李四，北山換了南山而已。不過，沒有了傳說和典故，一個再好的地方，也會顯得沒有歷史沒有淵源沒有文化，因此也就顯得沒趣。這當然也要算是中國特色一個不可或缺的組成部分吧。

隨源樂法師從山門一邊的石階山道慢慢向山上走，兩邊是各種的野生雜木。途中又看到幾座小寺院。有的很小，只有幾間房子，遠看像普通的山居人家，到跟前方知是一個道場。源樂法師說，別看這些道場小，但卻各有各的傳承來歷，各有各的香火供奉，誰也取代不了誰，誰都有自己存在的道理根據。不一時到了山頂。山頂倒是相對平坦，在林木之間的空地上，不知是山民還是寺僧，種著一片一片的油菜，正是花開季節，金黃金黃的花兒，在夕陽的輝照中，透出一種高貴和神秘。

站在山上向四周眺望，只見左右遠近都是山，峰峰相連，綿延不斷。其實，這東方山實在算不得高，海拔只有不到幾百米。但既然可以號稱「三楚第一山」，那就一定有它的獨特之處。想必是在這山的獨特人文資源之外，還一定有著豐富的礦藏資源吧。問了源樂法師後，我的猜想得到證實。在離這裡不遠的地方，有一地名叫作鐵山，是黃石市的一個區。又有一地名叫大冶，是一個縣級市。這些地名顯然都與礦藏有關。

我隨源樂法師在山頂的小路上轉了會兒，突然聽到一陣誦經聲從腳下傳出。尋聲望去，看到在山林的綠蔭之中，有一片殿宇樓房，隨山勢次第而築，若隱若現。源樂法師用手指著說，這就是弘化寺，我們現在在它上面，從那邊繞下去，就是它的後門。果然，向前走了不遠，見有一道石階通向下面，沿階而下，恰好就到了弘化禪寺的後門處。

回到寺裡，正好還趕得上吃晚飯。

6

在東方山的第三天，是和源樂法師一起去鐵山。鐵山原來是一個縣，現在改成黃石市的一個區。源樂法師帶我去鐵山，主要是想與我找個小酒館坐下聊聊天，找找在北方那個老城市中的某些感覺。當然，他對邀我前來共同辦刊已基本不可能的事實，也有一份遺憾在裡面。其實，我理解他的孤獨，在這座南方的山上，他可以說是一個另類人物。文人骨子裡的某些東西，並不會因為穿上了一襲僧衣而徹底改變。

當然，他可以用禪語公案來為自己的與眾不同解說，但在大家的眼裡，你就是另類。比如喝酒，比如不去拜佛誦經做功課等等。語言的不通也是個問題，讓他無法簡單地融入到當地的人群中。我對湖北話就很頭疼。

在鐵山唯一的公園裡轉了一圈後，我們在一條背街找了個小酒館，將中午與下午的時光，都在這裡消磨了過去。這是很好的一個地方，也是很好的一種方式。

異鄉背街小酒館，故友老僧一壺酒。

這一切讓我至今想起還感慨系之，如在昨日。當我們回山時，都已有些仙味了，飄飄的。

那晚因為我決定次日要走，所以源樂法師又帶我去拜訪正慈方丈，想無論如何應該談一下來此應該談的事情才對。方丈依然忙，還有另外的客人。那人是個「走山的」，也就是靠在各個山頭遊說發財的人，一看就是老江湖。他先自我吹嘘了一陣子，說認識國內什麼什麼山的什麼什麼大師，什麼什麼大師又是他的師父，繼而兩眼放光滿口白沫地說他白天已經在寺院和附近看過了，這地方是塊風水寶地，一定會出大人物。說得正慈方丈笑容滿面時，他又不失時機地移坐到方丈身邊，臉貼臉地要給方丈看相。方丈笑著，只是稍微移了下身子，大概是有點畏懼那人橫飛的吐沫星子。我們本想等那人的表演結束，甚至想方丈也許會以有客人或有事要議為由，將那人打發掉。但方丈似乎對那人看相看風水並不厭煩。我和源樂法師久坐無趣，只好再次起身告辭。

我突然覺得有點滑稽，有點可笑起來。

不過，可笑也罷，滑稽也罷。我還是要說聲謝謝的。畢竟假此緣由，我總算是有了一個與老友相聚的機會。況且，還又認識了一座山，見到了一些不同於我家門口的人和樹。

7

其實我也並非一個特別容易衝動的人，但我「想到遠方去」，以及對江南水鄉的嚮往，使我不可能過多去考慮細節，也不會放棄實現心願的任何可能。這在一個月後的天府之行中，又一次應驗。但這次我是自斷歸路，在異鄉留了下來。

我覺得，我終於走出了那個古城，那塊故土，才是生命中最大的一個勝利，是戰勝自己的勝利。

不輕易行動，當然就不會輕易受傷或失敗。但是，行動畢竟也有行動的好處。你可以在失敗、挫折甚至受騙中，弄明白好多原本不明白的東西。如果說人生無非是一個過程的話，那麼，無論怎樣的經歷，就都是一種收穫。失敗或成功，那只不過是人們一時一地的無聊標準而已。

況且，異鄉的雲和雨，畢竟是真的與故鄉不同。

聽說源樂法師是在幾個月後離開了東方山的。在離開之前，他曾發起組織了一次「黃石詩會」，也邀請了我。但我當時剛到成都，只好忍痛沒有前往。再後來，就沒有了這位老友的消息，也許他又回到那座古城了吧，那裡畢竟是他幾乎生活了一輩子的地方。

或許，在經過了四處的漂泊後，我也會去尋找一處真正屬於自己的家園。預感告訴我，那最後的家門，應該就是佛門。

第二輯

一尺多寬的陽光

歸來一刻

端午節那天，我坐了二十五個小時的火車，在中午時候終於從成都火車北站下了車，然後打的回家。開了門，首先映入眼簾的，是滿屋子的腳印，一定是聞忘記了穿或者不習慣穿我放在門口的拖鞋才導致的。再看陽臺，我最擔心的事情還是發生了：我走之前已經開花了的那盆夕顏，已經可憐十分的乾枯了。同時乾枯的還有一盆含羞草和滿天星。含羞草是去年採的種子種下的，本是要等再長大些移栽的。滿天星也是去年的，我走時已經開了許多小花。他們都是經歷了秋冬，終於從春到夏的一路和我走來的朋友啊。但他們還是死掉了。

這不能怪聞，他一定是有幾天忘記了她們。因為她們與他沒有過感情的交融，他只是在盡一份被他人委託的責任，所以忘記了，也算是情理之中的事情吧。但我卻不能不懺悔自己。我應該在走時將他們寄養在別的人家，或者乾脆送給那些有愛心的人。

人們對於自己的東西，總是會很操心的。

我的第一件事情，就是將行囊放下，像消防隊員那樣衝向陽臺，用走時灌好了放在窗臺上備用但一直沒有被用的噴瓶水，進行的搶救。

但我看到那些脆弱的花，她們的莖都乾了，復活的希望很渺茫。

我心中曾升起一股惱怒，但我馬上壓抑了它。我是不該怪他人的，也許是我與這些花草的緣份盡了，所以才會這樣。

不能改變的東西，就放下吧，我可以在乾枯了的盆子裡，再埋進別的種子，她們還是會發芽，還是會生長和開花的。

這樣一想，便沒有了必須惱怒的理由。於是，給花草澆水之後，我拖了地板，打掃房間，直到目光所及恢復到我熟悉的潔淨。

睡蓮與蝌蚪

在小區的花園裡，有兩個相鄰的小池塘。其實是一個池塘，大概是為了方便人在那裡行走觀賞，就中間橫築出條小路來，成了兩個，但隔離牆下面卻有暗洞相通著。我就在三、四月份蝌蚪出現和之後睡蓮開放的日子，常常在這裡踱步和遐想。

我已經在這裡住了將近三年，三次見到蝌蚪和睡蓮。但我還是不能解開一個謎——池塘裡的蝌蚪。它們很神秘，神秘到來去無蹤。按照生物學上的常識，蝌蚪是青蛙的幼年時代，也就是說，隨著它們的成長，是一定要變成青蛙的。但這裡的池塘裡，我只見到過蝌蚪，卻從來沒有看到過青蛙出現。這些逗號一樣墨黑靈活的小精靈，在三月的春日裡出現，成群結隊的遊戲在一場夜雨之後的池水中。這時的池塘中，睡蓮的葉莖綠了，伸展了，但還沒有花朵開放。偶爾的，我會在晚間和午後，聽到幾聲蛙叫，悶悶的，好像來自很深的地下。

四月到了，小花園裡的各種花都競相開放起來。薔薇、月季、紫羅蘭，知名的和不知名的，都開放了。睡蓮也在一個晚上完成了最初的孕育，害羞似的開出第一朵花。紅白相間的花瓣，被一支綠莖舉出了水面，在微風中彷彿一隻仙子的玉手，向過往的人們揮動著。

這時的蝌蚪們，也好像是受了睡蓮花兒的感染，游動得更歡暢，在睡蓮的綠葉紅花間結伴遊行，點綴出一幅水彩畫的生動。

但是，過了不久，到四月底，在夏天將來未來之際，當我外出幾天歸來再站在池塘邊上時，看到睡蓮花開得更加熱烈，而那些游動的蝌蚪們，卻一個也不見了。我曾詢問一個常在池塘邊看報遛狗的老人，那些蝌蚪哪裡去了，是被人撈走了還是自己跑掉了？老人說，它們應該變成青蛙才對。是啊，它們應該變成青蛙留在池塘裡，但池塘裡沒有青蛙的影子，難道它們都沉到池塘下面的泥土中去了麼？只是到了第二年春暖花開的時候，蝌蚪又會如期的出現。我就想，世界上不會有無緣無故的蝌蚪，即有蝌蚪，必有青蛙。只是，這青蛙也許是懼怕我們人類，隱身到了我們耳目之外的地方去了。一定是這樣的。

也就是說，那些年年孕育出蝌蚪來的青蛙們，它們必定是有著另外的一條道路，可以候鳥般到來和離去。

睡蓮卻是一番熱烈中的寧靜，在無常和永恆的交互中花開花落著。但我也沒有看到過水中凋落的蓮花，它們好像永遠是在晝開夜合那樣的面向世界和天空。

有人說，睡蓮花的生命，其實只有七個小時那麼長。也就是從上午的十點鐘綻放，到下午的五點鐘的時候，它們就凋謝了。但我卻覺得，它們不是凋謝，而是閉合了，是休息了。

集體的麻雀

霧散之後，天氣真的晴朗起來。但在我的房間裡，是看不到太陽的。也就是說，陽光無法從房間的唯一視窗，進入到我的房間裡來。我於是就上到三樓頂的平臺上，看到太陽已升得很高了，只是還有些濕淋淋的樣子，不那麼明亮。

站在平臺上向北望去，看到大片大片的稻田，呈現著金黃的顏色，而在一個月前，稻田都還是青翠色的。耳邊突聽呼的一聲，一群灰褐色的麻雀從一塊稻田中飛起來，接著稻田中傳出啊哈啊哈的呼喝聲。這聲音彷彿會傳染一樣，遠處近處都不斷地響了起來，此起彼伏的。這是農人們在驅趕已經成熟了的稻田裡的麻雀。在小麥或稻子的收穫季節裡，麻雀會對農人造成損害。有一部分糧食，會被它們小小的嘴吃掉。麻雀雖然夜晚會各自住宿到不同的窩巢裡，但在白天卻常常集體活動，群起群飛。並且它們之間的交流也特別活躍，總是嘰嘰喳喳的不停。

麻雀是離人類最近的一種野生鳥類。千百年來，凡有人類棲居的地方，就有它們。它們和老鼠們一起，一個在空中，一個在地下，依人類而生存，但又拒絕人類的訓服，頑強的作為人類親密的敵人生活著。這大概是人類雖消滅不了它們，但又總是千方百計想要消滅它們的原因吧。在和它們的鬥爭中，人類雖取得過一些短暫的勝利，但卻無法獲得最後的成功。我想，這其實算不上人類的失敗，只能算是人類的錯誤。地球上每一個物種的誕生和毀亡，都有它自己的充分的生命依據。假如有一天，當我們無論在家園和田野，都再也看不到它們的時候，恐怕我們人類自身的不幸也就降臨了。

麻雀的群體是龐大的，但它的每一個個體又都是那麼的渺小，微不足道。這似乎也有點像我們人類。當我們面對一個群體的傷害時，會憤怒，會想要去報復。但當我們面對一個弱小的個體，就會不由自主的生出憐憫心來。

春眠不覺曉，處處聞啼鳥。我想，或許詩人是完全喜歡它們的。因為詩人在春天的清晨，最先聽到的自然歌聲，一定是它們所唱的。

正寫到這裡，又有一群麻雀呼嘯著從稻田中飛起。有幾隻就落在我的窗臺上，又警覺又好奇的偏著小腦袋向室內張望。我停下手也看它們，並且給它們一個微笑。它們卻似乎怕我暗藏了什麼殺機，就呼的一聲飛去了。

流動的霧

早上六點多，我起床後習慣地看向窗外。但向北的窗玻璃上，卻塗著一層厚厚的水汽，好幾處還凝成了水珠，像一個受了很大委屈的人的眼淚，無聲然而滾滾地向下滑落，在窗玻璃上劃出一道道水痕來。

拉開玻璃窗，就看到窗外的稻田中，秋霧彌漫。遠處的土崗和樹叢，模模糊糊地成了一道高低起伏的黛色背景，如同山巒一樣，安靜地站在那裡。只有晨鳥的歌唱和偶爾幾聲守門犬的叫聲，自霧海深處傳過來。

我一直認為霧是不會動的，但現在看來，我卻必須改變自己的觀點了。其實霧和雲一樣，是會流動的，只是沒有雲那麼急，而是十分緩慢。因為風在地面上大起來時，霧就會被吹散。霧只能在微小的風中移動。這是一個秋日早晨我的觀察結果。

六點的時候，霧在窗外還濃得看上去如一杯牛奶，乳白乳白的化不開，似乎就這樣會一直持續下去。但到了七點，我再抬頭向外看，發現稻田已經露出了金色的面孔。霧也後縮到幾百米外長長的土崗前，似一條白色的紗帶，在樹叢邊輕輕飄蕩，纏繞著。我想，這霧散得可真快。

然而，我剛去了一下洗手間，也就十來分鐘的時間，再向窗外看時，卻看到剛才的土崗和樹叢又完全消失了，稻田也不見了，大團大團的白霧自窗口湧入我的室內，窗外的一切都被大霧所淹沒。

我心中感到一陣異樣。我不明白這霧是怎麼回事，如何去了又來？並且氣勢如此洶洶？我聽到在一片霧的瀰漫中，麻雀的聲音急促而恐懼。它們不是一兩隻，而是一大群，可以從它們紛亂的翅膀和叫聲中感覺到。呵呵，它們一定也是被這突如其來的大霧給搞懵嚇壞了吧？聽它們驚惶失措的喊叫。

但霧無論有多大，總是要散去的。到了七點二十五分，霧就真的散了，稻田、土崗和樹叢，又漸次顯現。麻雀們的聲音，也變得歡快嘹亮起來。呵呵，又一個收穫的季節到了，麻雀們也要度過它們一年中最富足最快活的時光。

根據經驗，只要有大霧，只要霧能收得起來，這一天就一準是個大晴天。我果真看到天晴了，並且晴得很好——是那種碧空萬里，天高雲淡的秋天景象。

一尺多寬的陽光

這是入冬以來少有的一個晴天。

連著一個星期的混沌天氣，讓人連呼吸都感覺困難了，又冷，又沉悶。現在好了，一切都明亮起來了。

上午十點多的時候，陽光終於從南面兩座七層樓之間的縫隙中照射過來，透過小客廳的窗玻璃，將滿室的陰暗一掃而光。

「好新鮮的陽光呵！」我不由脫口叫出了聲。唉，在這樓房林立的都市叢林中，對於住在一樓的人們，陽光是一種緊缺資源。

我急忙打開通往陽臺的門，搶步到陽臺上。陽光真好，又明亮，又溫軟，又新鮮，有一尺多寬。不管怎麼說，一尺多寬的陽光也是陽光啊，並且是很好的陽光。我又急忙返回臥室內，雙手並用，將因避寒而置於室內的幾盆植物——紫羅蘭、吊蘭和石榴等，統統搬到陽臺上，放在一尺多寬的陽光裡。它們是和我一起經歷流浪歲月的「家人」，是我的夥伴。它們和我一樣，都很久沒有見到過陽光了。我要和我的「家人」們有福同享，就搬一把小凳子，捧一卷從床頭隨手拿到的書，就在陽光中坐了下來。

冬日的陽光真好，特別是在久別重逢的時候，特別是在沒有老北風的情況下。正當我迷戀著暖融融的陽光，沉浸在書趣中時，就感到周身冷了起來。一看，原來陽光跑掉了，把我拋在了陰暗中。我馬上帶著我的「家人」們追趕，大概十來分鐘就移動一次。就這樣，我不斷搬著凳子，捧著書，帶著我的夥伴，追趕著這冬日裡一尺多寬的陽光，從客廳追到陽臺上，直到陽光爬上了高高的牆壁。

我不由記起童年時代，在老家的冬天曬太陽的事情。坐在自家大門口向陽背風的牆角落裡，一邊聽大人們說瞎話（講故事），一邊就倚靠著屋牆做起暖融融的夢來。直到奶奶或姐姐出來喊叫著「吃飯啦」，才起身拍拍身上的牆土，轉回家去。

現在想起來，那些清貧日子裡的生活片斷，竟包含了許多的幸福在裡面。看來，幸福並不是一件多麼複雜多麼奢侈的事情，也與擁有財富的多少不成正比例。幸福有時簡單得可能會讓人忽略掉，全然不當回事。所以當人享有幸福時，往往不覺得幸福，直到失去了，才明白，可那時又有點晚了。

「那就好好珍惜身邊的每一寸陽光吧！」我好像在自言自語。

關於蝴蝶，關於一棵草

春天來了，窗外沉寂了一個冬天的小園子，開始變得生機勃勃起來。木架上的葡萄枝開始吐芽，地上的各種草，也都紛紛從土層中鑽出來，開始搭建自己的生命舞臺。還有各種昆蟲，也都悄悄地現出身形，尋找著屬於自己的世界。

房東是一位中學教師，在租房給我時，他一指陽臺外的小園子說：「喏，這裡是一個百草園呢，我想你一定會喜歡的。」呵呵，這老兄一定是講魯迅的文章講得順了口，就也順口給了我一份這樣的禮物。

但是，就真的在不久後一個晴朗的上午，我看到了一份驚喜的禮物。寫東西累了，我到小園子裡放鬆一下。突然就發現有幾隻漂亮的蝴蝶，趴伏在一叢低矮的青草上，隨著那草的枝葉，在風中起伏飄擺。開始我沒太在意，但停了一會兒又去看時，見那些蝴蝶還在原處，覺得奇怪，於是上前想揮趕它們飛起。到了跟前才發現，這些蝴蝶原來是和那草生在一起的，是那草的花。哦，蝴蝶花！我不禁低叫一聲。我聽說過這種美麗的花草，讀到過對於她的詠嘆，卻一直沒機會見到。「踏破鐵鞋無覓處」，不想竟在這園子裡看到了。這時我才明白，房東那「一指」原來是不虛的。

蝴蝶花令人遐想聯翩。此後，我得閒就會蹲在那裡長時間地看她。我驚嘆於造物的奇妙，竟將大自然中會飛的花朵奇蹟般嫁接到一棵極其平凡的小草上，令那原本平淡無奇的生命，在一瞬間變得浪漫而美麗。但是，當我的目光伸向天空，我便覺到了沉重。那時，我正在讀羅伯特•諾齊克，讀他「人是生而自由的」言說，那麼，蝴蝶呢？

一天，一位朋友來訪，看到了我「百草園」中的蝴蝶花。她說，你知道蝴蝶花的傳說嗎？我說不知道。於是，就在這蝴蝶花前，她講了關於一隻蝴蝶與一棵草的故事。

一個百花盛開的季節，在一片百花盛開的山坡上，卻有一棵被世界遺忘了的草，孤獨可憐地站在百花叢中。誰也不理睬他，誰也不注意他，就彷彿他根本不存在。不要說採花的蜜蜂，就連那些其貌不揚的小甲蟲，也都對他視而不見。這時他看到一隻美麗的蝴蝶飛了過來，就鼓足勇氣喊道：「你能落下來嗎？能陪伴我一會兒嗎？」沒想到的是，美麗的蝴蝶真的就落了下來，並且，一落下來，從此就再也沒有飛起，沒有離開……

詩友講完了。我說，這故事真是很美，我都覺得那棵草是何其幸運！可是除了孩子，哦，也許還有詩人吧，誰會相信這樣的美麗傳說呢？況且，這也不公平。知道嗎，蝴蝶為了成為蝴蝶，為了圓一個自由飛翔的夢，她要經歷多少劫難多少苦痛？

詩友似乎沒有反應過來我的話，只是奇怪地看著我。我沒有再講蝴蝶怎麼從一枚蟲卵，變成醜陋的青蟲，再一次次蛻變後成為更醜陋的蛹；在黑暗的蛹殼裡待夠之後，才可以掙扎著咬破黑暗，爬向光明，在光明的世界裡美麗和飛翔短暫的時光……我只是說：「蝴蝶經歷和承受一切，都是為了最後那個在天空自由飛翔的夢啊。不能飛翔的蝴蝶，還是蝴蝶嗎？」

我將《蝴蝶的故事》遞給她。書中說，一隻蝴蝶努力要破繭而出，有好心人看到她掙扎得很艱難，很痛苦，就幫了她一把，將那囚禁她的蛹打開了一個口子。蝴蝶輕鬆地從那個口子爬出，但不幸的事情也接著發生了：蝴蝶的翅膀卻怎麼也無法張開，她再也無法在天空飛翔了。

那麼，傳說中請求蝴蝶停下來的那棵草呢，她真的就能靠同情和憐憫獲得愛，獲得世界的關注和自由？要知道，在生存的困境中，只有自己撕破黑暗衝出圍困，才是獲得愛和自由的正確途徑。

這已經不僅僅是關於蝴蝶，關於一棵草了，我想說的也許更多。
當我從自己的思想和演說中回頭，朋友已經離開。她帶走了《蝴蝶的故事》。

傾聽太陽花的歌唱

你可聽到過一朵花兒的歌唱？也許你會驚奇：花兒還會歌唱？我怎麼從來不知道？是的，花兒的歌唱許多人不能聽到，那是因為你只用耳朵，而沒有用心靈去聽。只有將你的心與花兒的相通了，你才能聽到她的歌聲。花兒的歌聲直抵傾聽者的內心，這是任何一種先進儀器都無法測出的音波。花有不同，她們的歌聲也各不相同。

昨天，我聽到了一朵花兒的歌唱。從清晨到黃昏——那是她的一生。

這花草的種子是春天時一位鄰居送我的，當時找不到花盆，就種在了這個鐵質的舊茶葉筒中。鄰居說這種花草叫麻食菜。但我知道不是，因為麻食菜我認識。小時候在農村生活，麻食菜長遍田梗地頭。這開著紅色小花朵的花草，可能與麻食菜同一個科屬，樣子有些相像。後來，一位朋友來訪，告訴我這花叫太陽花。想一想，覺得她說得很對，很貼切。這花是該叫太陽花，也只有叫太陽花才合適。

我的視窗向北，夏天的朝霞和初升的太陽，恰好可以成為窗外風景中的一部分。這太陽花就在第一縷霞光中綻開了容顏。當朝陽躍上天空，在稻田中撒下無數塊金黃色的手帕時，花兒已經如玉立的少女，嬌羞地開放了。我是在長久注視她時聽到了歌聲的。後來這歌聲就沒再停止，一直到枯萎。初始的歌聲是嬌嫩的，帶著對這個世界的驚奇。漸漸歌聲放大了，在朝陽中形成一道旋律。她金色的花蕊顫動著，散發出一絲若有若無的馨香。但是，當太陽越過頭頂，開始向西天滑落下去時，花兒也開始疲憊，歌聲中露出了倦意。五片殷紅的花瓣開始像手指一樣收縮起來。歌聲越來越弱，花兒越縮越小，最後在黃昏的天光中恢復成初放時的形狀，歌聲也就消失了……

也許你會說，花兒的生命實在是太短暫了。不錯，從清晨到黃昏，從太陽升起到太陽落下，用人類的眼光去看，是太短暫了。但是，花兒的一生不同於人的一生，就像人的一生不同於太陽的一生一樣。花兒的一分鐘，也許對她來說比我們的一年還要長些呢。我相信，花兒擁有和我們完全不同的時間概念和感覺。

面對一朵嬌弱的太陽花，我的全部感動和收穫是：我知道這朵花並沒有默默無聞地開過又凋謝。她不但美麗，而且還歌唱了。這就與我們大多數的人類一樣，不管生命有多長多短，也不管有多少關注的目光，是否夠轟轟烈烈，你只管去開放吧，去美麗吧。你不用擔心默默無聞，因為生命本身就是一種宣言，就是一曲震天撼地的歌謠啊。

一樹白花

喬去了。我看著她站在一片雲上，向我揮手告別。可她的身軀卻躺在我的懷中睡著了，而且永遠不再醒來。我輕輕地撫摸著她的秀髮，輕輕為她唱起那首只有我和她才會唱的歌。

睡吧，睡吧，風兒走來了。
風兒走來了，睡吧，睡吧。
鳥兒在湖水中飛翔，樹上開滿了白花。
睡吧，睡吧，青草茵茵，我們的歌聲流傳……

喬一動不動地聽著，我沒有看她熟睡中的臉龐，我想像著她的容顏，純潔而明亮。薩克斯風從風中飄過來，不再是那支浪漫的婚禮曲，而是送來永恆的憂傷。喬躺在我懷中，那為了等待而痛苦的生活，已為她關上了沉重的大門。風雨也不再傷害她的雙眼，而是讓她越來越乾淨，越來越可愛。就像她當初走來時，湖水洗著她潔白的身影，她一塵不染，彷彿童話中的仙子，也彷彿在那個許多年前火紅的七月，城外的榕樹林中，蟬聲如雨，一次又一次滋潤了乾枯的心田。

在屋外的老牆邊，一棵月季樹歡快地生長著。七月，為它毫不顧忌的生長準備了充足的理由。我看著它結滿綠色的小鈴鐺，在風中似乎發出悅耳的聲音。這是一個傍晚，我給它澆了水，默默地看著它。第二天清晨，那些悅耳的鈴聲消逝了，取而代之的是一陣歡笑和歌唱。我急忙打開屋門，驚訝地看到無數張粉紅的笑臉。這棵月季樹是她親手所栽。她說：「我正在一點點地融化在月季裡。」她說這話時，無比平靜，這是我意想中的事情。我知道，喬和這棵月季化為一體了。我不能阻擋她，甚至不能勸說，因為一切都為著一個緣字。她現在作為一棵月季，我們的緣變得更加深遠。她不在了，這棵月季有一天也會消失，但大地上的月季是不會從我生命中消失的。在我的心中，一個瞬間過去了，卻留下一個美麗的永恆。

當第二天清晨來臨時，我知道發生了什麼。我走出屋門，那一樹的粉紅已經變成了朵朵的素白。我知道，這是喬寫給我的唯一的一首詩了。我無聲地為她清洗著，不讓半點塵土沾染了她。我懂得這種特別的語言。

我想，有一天，我也要離開這個世界的。那我就化作一杆竹子吧，不，應該是一片竹林。在夏天的清晨，葉片上掛滿碩大的露珠兒，冬天也不退縮，照樣堅持著生命中的綠色。

也許，我和喬，竹子和月季，在另一個世界裡，又會結下另一段不了的緣。

壁虎

朋友在電話中告訴說，距我的住地八里廟村向北不遠，就是新開放的「國家森林公園」。這讓我感到驚奇，因為在我印象中，這個位於大平原上的城市，周邊是沒有山水也沒有大片林木的，更何況森林？於是決定騎車前往做一番探訪。結果看到的，只是一片苗圃，兩片梨園，三四片剛栽上的雜樹，五六片什麼也沒有的荒地而已。原來，這本是一家出現了經營危機的國營林場，現在規劃要作一處城市居民節假時休閒的公園，並以林木為主題，於是便叫了「國家森林公園」。但要真正讓那些才栽的樹木長大成林，恐怕沒有二三十年的時間是難以看到的。

許多事，往往都是乘興而至，敗興而歸。慕名探訪什麼東西，譬如風景，譬如名勝，譬如什麼明星人物，更易產生這效果。原因在於事先便心存了一份很高的期望，有了一份想像或廣告的藍圖。所以古人就告誡後人：看景不如聽景。而真正有意義的收穫，或者是一份驚喜的發現，往往都在無意中，在事先沒有期望的情況下。

我沿著一條鄉村公路沒情沒緒往回騎，一低頭，在自行車的車簍上，竟發現一隻小壁虎，正在長方形的車簍邊沿上探頭探腦地轉圈圈。不知道它是什麼時候，從什麼地方掉到車簍上的。我想大概是我從路邊的白楊樹下路過時，它不小心落下來的吧。剛好落進移動著的車簍裡，也算是一份巧合，或者說是彼此的緣分。這看上去並不討人喜歡的小東西，一副慌慌張張的樣子，不知它是為找不到逃跑的路徑而著急，還是為第一次落入一個陌生的地方而驚奇。

壁虎，在我的家鄉叫作蠍虎，大概是因為這東西長得有點邪，又有點土不拉幾的像蠍子，又都愛在屋壁房檐處出沒。更重要的，是傳說這東西像蠍子一樣毒。小時候，吃飯的時候，特別是黃昏吃晚飯的時候，奶奶就會喊：「孬，可別站在房檐下，讓蠍虎尿你碗裡了，可就活不成啦。」所以，從小對這東西就有些怕，也有些莫名其妙地惱恨。

中國人的天性裡，對於怕的東西，並不敬畏，而是在確定不會傷到自己的情況下，去將對方毀滅。我小時候，就幹過些諸如打死壁虎之類的事情。其實它們從來也沒有傷害過我，它們只是我想像出來的敵人。後來，看到一些書上介紹說，壁虎其實是一種對人類有益的小動物，它主要以蚊、蠅為食，故而傍晚蚊蟲活動最盛時，也是一天中它出來捕食的主要時段，所以黃昏時見到它的最多。

我一邊在鄉路上緩緩而行，一邊觀察著這無意中的小俘虜。它不停地在車簍的裡外上下尋覓著，想找到一個逃生的出口，但它註定找不到。前後轉動的車輪，讓它不可能沿著車體逃到地面。動物規避危險的天性，又使它不敢貿然從高處跳下去。終於，它可能轉累了，也可能是對逃生感到絕望，就停下來，伸著蛇一樣的尖腦袋，吐著長舌，用一雙小而圓亮的眼睛盯著我看。

就這樣，我帶著它一直走，我想帶它到我住的地方，放到我房間裡，讓它給我做個義務的滅蚊隊員。

黃昏的鄉村公路很靜，少有行人，偶有車輛來往。我看著這大概出生不久的小壁虎，心想，人的命運有時也會和這小東西一樣吧，偶然的一次際遇，可能就改變了生命中許多的東西。現在這只小壁虎的命運，就在我手上，我任何的一個念頭，都可能置它於完全不同的命運中。沒錯，現在對於它，我就是上帝，是全能的神……這樣一邊亂想，就到了租住的八里廟村口。我又看了一眼這車簍上張惶失措的壁虎，心中陡然生起一縷憐憫。它無論是否討人喜歡，無論是否有毒，也無論它對人類有害有益，它都是造化中的一員，大自然的一分子，都有作為生命存在的充分理由，人類又有什麼權利去按照自己的標準對它進行宣判呢？將自己的標準強加於別的生命和物類，這本身就是無智和不公平的。

我將車在路邊停下，對這在黃昏的鄉路上伴了我十多里路程的小東西說：「回到你該回的地方去吧。人類生存的地方，並不適合你呵，那裡有太多的危險。」我想將它從自行車的車簍上趕下去，卻遇到了它本能的抵抗。為了防止被它咬傷，就用隨身帶的筆桿去撥弄它，想將它撥到路邊的草叢裡。但這小東西很敏捷，一邊用嘴反擊，一邊圍著車簍逃跑。它的四隻足趾上生有吸盤，緊緊吸附著足下的物體，想將它弄到地上竟不能夠。但我還是趁它逃到車簍邊沿上時，將筆尖伸到它的身下，猛的一下將它挑落到路邊的泥地上。可是，它不向草叢中逃，卻向路的中間跑去。我怕突然馳來一輛汽車，那它就沒命了，於是我又是跺腳，又是揮手的，好半天才終於將它趕回到路邊上去。

它爬上路沿，回頭向我張望了一番，大概算是告別吧，而後便迅速地在草叢中消失了。

動物的愛

傍晚時分，我給魚缸裡的金魚添加飼料，無意中看到了令我先是不解，繼而感動的一幕。

一尾紅色的金魚，在玻璃魚缸中將一尾沉在缸底的黑色金魚用頭部輕輕托起，就像人類救助溺水者一樣，將它推上水面。或許是為了讓黑魚呼吸到水面的新鮮空氣吧，它自己在下面用力支撐，直到支持不住為止。黑魚沉下去了，紅魚又重複前面的動作，一次又一次，連續不斷。

紅魚和黑魚原本不在一口魚缸中，後來黑魚的魚缸壞了，我才將黑魚放進紅魚的缸中。也許是黑魚在原來的缸中缺氧，所以放入紅魚缸中後，才會奄奄一息地沉向水底，也才有了紅魚游過來救助的動人場面。

我不由想起前不久的另一件事。一天我從外面回家，經過小區花園裡的一個水池，聽到裡面發出奇異的叫聲。近前一看，發現一隻花貓不知怎麼掉進了裡面。我急忙找了根樹枝把它撈上來。看樣子這隻貓落水時間不短，肚子被水灌得鼓脹著，爬都爬不動，渾身直打哆嗦，口中發出悽楚的叫聲。這時不知從哪裡跑來一隻黑貓，在距我很近的地方停下來，不安地看著我。我忙走到一邊去，黑貓於是急切跑到花貓身邊，圍著花貓嗅了一遍，又開始舔它身上的水。從頭至尾舔了一遍後，就緊緊偎依著花貓蹲伏下來，不時用舌頭舔一下花貓的臉。蒙難的花貓在黑貓的愛撫、溫暖下，慢慢恢復過來。又停了一會兒，花貓終於可以站起來了，搖搖晃晃地和黑貓一起消失在花園的草叢中。

毫無疑問，這些弱小動物的智慧，肯定不及人類的千分之一、萬分之一，但它們的愛卻毫不遜色。它們也許完全是出於本性，但這種自然而無私的愛，卻讓我感到自愧弗如。因為在很多時候，人類的愛，總是混雜了太多的東西在裡面。

只有懷著對弱者或蒙難者發自內心的悲憫和愛心，才會不假思索地伸出援救之手。我想，聰明的人類，有時真該學學小動物們的傻勁。

鳥世界的追花族

秋日的午後，陽光已經不再炎熱，我和釋子站在他位於城郊的院子裡聊天。一叢大麗花在濕潤的泥地上，瘋長到兩米多高，碩大的紅色花朵在秋陽中怒放著。這時我聽到一種嗡嗡的聲音，接著看到一種從沒見過的黑色大蜂，飛來大麗花前採蜜。它與我曾經見到過的馬蜂、黃蜂都不同。尖細的喙很長，雙翅扇動得極快，快到根本看不清翅膀在動。它採蜜時的方式也很奇特，全不似其他蜂類那樣趴伏在花蕊上或乾脆鑽進花蕊裡去，這個奇怪的大蜂是將長長的喙伸進花蕊裡，身子則穩穩地懸停在半空中。

釋子也注視著這大蜂，只是並不驚奇。我問這是什麼東西，怎麼有點像鳥一樣？釋子說：「這是蜂鳥，也就是像蜂一樣的鳥，還像蜂一樣採花食蜜。過去在我們老家的山中，常常可以見到。」這隻黑色的蜂鳥在大麗花前大約停留了一兩分鐘，一閃身就不見了，身法極快。

後來我知道，蜂鳥（Hummingbird）主要生活在熱帶，全世界有三百多個種類。因為它在飛行中發出嗡嗡聲，所以又叫它作「嗡嗡鳥」。這是一種世界上最小的鳥，以特技飛翔而著稱，可以在空中懸停甚至可以後退飛行。大多色彩鮮豔，閃爍著金屬般的光澤。為了採食花蜜的需要，嘴就生成了又細又長的錐針狀，有些種類的蜂鳥嘴比身體還要長。它們的身體通常只有五分硬幣那麼大，體重很少超過二十克。我想，這些特徵大概是它之所以能夠快速飛行的原因。

蜂鳥是一種非常聰慧靈巧，且討人喜愛的小飛禽。只要是鮮花盛開的地方就會有它們的蹤跡。生物學家發現蜂鳥有很強的記憶力，儘管它們要隨著季節的變化而不斷遷徙棲息地，但只要和它們打過交道——為它們提供過食物的人，即使間隔一兩年，它們仍然能夠認出來。蜂鳥還能夠準確地記住什麼花開在什麼地方，什麼時間。有人曾做過一個實驗：在一塊地上，種了十多種不同時期開花的植物，結果發現，蜂鳥能在不同植物的開花期飛來採蜜，時間從來不會記錯。

對於蜂鳥的觀察是相當困難的。蜂鳥在天空飛翔時，常常呈「8」字形或「U」字形。蜂鳥翅膀的扇動頻率每秒鐘可達將近二百次。這使它看上去來去無蹤，像一枚箭頭一樣一閃，就在人們的視野中消失了。它們在體型上毫無疑問是弱者，但從不示弱，按照自己的方式頑強地生存著。蜂鳥可以說是鳥類中的小勇士。假如身後有一隻山鷹追上來，快要追上它時，它會突然閃開，然後以極快的身法從側面反擊，用尖尖的長嘴對著山鷹的眼睛啄過去，山鷹往往會嚇得倉惶而逃。

蜂鳥也像其他動物一樣，會為捍衛愛情而不顧性命。人們在觀察蜂鳥時，就發現了這一有趣的現象。即使是鮮花盛開，到處是香甜的花蜜，雄蜂鳥白天也不貪食，因為吃得過飽會增加體重，使它行動不便。為了矯健敏捷，它們白晝儘量少食，為的是隨時對膽敢來與自己搶奪伴侶的不速之客進行反擊，同時也是為了向雌蜂鳥展示它輕捷靈活的體態。雄蜂鳥白天忍饑挨餓，然而一到黃昏，它們便會放開大吃，飽食花蜜。這也是生物界種群生存和延續的一種本能競爭吧。

蜂鳥是鳥類世界中稀有的追花族。蜂鳥雖小，但卻是一種候鳥，每年都會從南到北又從北到南地隨季節變換而遷徙。它們總是追逐著不同地點花開的消息，在溫暖的綠色中建造自己的家園。有鮮花盛開的地方，不一定就有蜂鳥；但有蜂鳥的地方，卻一定會有鮮花在盛開。

能夠與這樣一個奇妙的小精靈在一叢花前相遇，真算是一種難得的緣分。

我想，我和這小精靈的重逢，無須相約。只要有鮮花的盛開，只要我站在花前等待，生命的重逢就應該是一種必然吧。

一群嚮往光明的蛾

搬到八里廟村約兩個月的時候，鄰居小郝問我是否想換換房間，因為此前我曾說過我喜歡她那邊窗外的田野風光。我知道是天氣開始轉寒了，那邊不向陽，又潮濕。但我還是連想都沒想，就連說了三個「換換換」，為的就是舉目可以看到田野、綠色，看到遠處的樹木和土崗，看到飛鳥在窗外的天空中飛來飛去。我想要我的視線盡可能地向遠處延伸。

不想換了房間的當天晚上，一個意想不到的情況就把我驚得目瞪口呆。為了省電，我將室內原來的白熾燈換成了螢光燈，不想這一下惹了「禍」。一個數目龐大的飛蛾群鋪天蓋地而來，在窗玻璃上密密麻麻地覆蓋了一層。它們是被我房間裡的光明吸引來的，在紗窗和玻璃上翻撲滾爬，發出急促的沙沙聲，想要進到室內來。窗紗有幾處破損了，邊角出現縫隙，就有少數的飛蛾如願以償，躋身到了室內。它們趴伏在螢光燈周邊的牆壁上屋頂上，一動不動，沒有了在窗外的躁動不安。

我看那大量的飛蛾群，在窗外折騰得苦，於心甚是不忍，但又不能開窗放它們進來，就用了個釜底抽薪的辦法，將燈關掉。光源沒有了，室內恢復黑暗的短短幾秒鐘內，那些嚮往光明的小生命，就掉頭而去了。原來趴伏在螢光燈周邊牆壁上的蛾子，卻又反過來紛紛投向窗子，想要飛出去。

第二天早上，我看到窗臺上，桌面上，房間的地板上，有許多蛾子的屍體。它們是些短命的昆蟲，嚮往光明只是它們的本性，是為了種族繁衍的一種使命性選擇。但這也往往成為它們的致命傷，成為它們奔赴陷阱的一個光榮理由。

嚮往光明的，不僅是蛾子，還有其他一些昆蟲。童年在老家，夏夜裡天熱睡不著覺，就經常有人在一棵大樹下點燃一堆柴火，然後用腳在樹身上猛跺，棲息在樹枝上的蟬，受到震動後就會高聲叫著向火堆撲去。人們只是找點樂趣消遣，但蟬們卻憑白斷送了性命。

對於光明的嚮往，我想不僅僅是飛蛾和蟬類這些昆蟲，還有人類。人類也是趨光的，為了理想中的光明世界，犧牲也是從來沒有停止過的。

「飛蛾撲火，自取滅亡」。我想，這大概是那些陰謀取勝者舉杯慶賀時對犧牲者的一種嘲諷。但嘲諷者也許不知道，今天對別人的嘲諷，也許明天就會像詛咒一樣落到自己頭上去。

月季的精神

在我的窗前，正有一池月季花爭先恐後地盛開著。有深紅，有淺紅，有鵝黃，也有潔白。昨天還是一個花蕾呢，今天早上起來一看，好傢伙，一首少女情懷般的小詩已經發表在你面前了！你不能不感嘆生命，雖然前頭會有風有雨，但生命如水，看似柔弱，卻有著令人驚異的力量。

我對月季是情有獨鍾的。自從我擁有了一個小小的院落之後，月季便作為首批綠色「移民」在這方小天地裡定居了下來。有一棵長在牆邊的月季，曾經瘋長到一人多高。在一個初夏的清晨，它一下子就綻開了大大小小上百朵潔白的花兒，驚得我不知如何是好，急喚朋友們來飲酒賞花。一時間，千年古城的街街巷巷中，彷彿到處都能聽到月季花歌唱的聲音。

然而，月季花給予我的，決不僅僅是喜悅和詩情，更多的是激勵和思想。月季不是那種嬌貴的植物，她對所處的環境、條件，幾乎沒有什麼特別的要求。只要有水分，有陽光，有一些溫熱的關懷，就行了。別的草木一年中大多就只有一期花季，而月季則不同，它在一年中除了冬天之外的春、夏、秋三季，都在不間斷地孕育著，開放著，像一位真正的詩人那樣，保持著不敗的童心和熱情。

月季的生命是一個不斷開花又不斷凋謝的過程。對於一朵具體的月季花而言，從蕾苞的孕育到開放到凋落，時間並不長，不過十幾二十多天而已。但作為一棵月季樹，她卻是在精心安排著自己的作品。這一朵還沒有凋謝，另外的一朵或幾朵十幾朵就已經在悄悄地推出，悄然地綻放了！

月季更是堅強的。面對暴力和傷害，她不僅僅是承受，而是不屈不撓地抗爭。一天傍晚，我看到一株月季被不速之客野蠻地折斷了枝條，枝條上有一枚含苞的花蕾，這時低低地垂在地上。也許是月季尖銳的刺起了作用，也許是折花人的心虛，枝條並沒有被折斷下來。我一邊詛咒那折花的人，一邊找來竹棍和小繩，將垂在地上的枝條和花蕾包紮後支撐了起來。面對受傷的月季，我暗暗祈禱：但願她能夠活過來。

第二天早上起來，看到的情景不能不讓我吃驚和感動：那枝受傷的月季竟然開放了她珍貴的花朵！在那搖搖顫顫的枝頭，在綠葉之上，那深紅碩大的花朵猶如燃燒的一團烈焰！我不能不感嘆這樣的生命，我不能不讚美這樣的生命，雖然受傷，雖然痛苦，但卻決不放棄開花的權利，不放棄對陽光的美好追求！

不僅僅是月季。在我們的一生中，誰又能完全避開生活中意外的打擊和傷害呢？也許，受過傷的生命，是可以生存得更堅強，並且，也是可以不斷開花的。

破碎

那聲音如此清脆，完全在他意料之外。

他不是故意的。他怎麼會是故意的呢？他甚至沒有這樣想過或說過。

那杯子在他手中時是那樣珍貴，令他愛不釋手。但那聲音還是無可挽救地響了。如此清脆，彷彿不是現實中的聲音。他曾經在歷史中聽到過嗎？他幾乎想肯定這一結論。那杯子是那樣的透明，幾乎沒有一絲雜質。他從不用它泡茶，而只讓它盛滿純淨的水。

但它還是從桌子上自己走了下去……那聲音太清脆了，清脆得有點失真。

但他不能不承認這是事實。地上的碎玻璃，在檯燈的照耀下，如一群從天空跌滾下來的星斗。那樣的美麗無比，令人目不暇接。他簡直不得不思考：作為一種美麗，是保持完整的杯子形象好呢？還是這種有點悲劇色彩的破碎更令人陶醉？

那麼——他不得不坐下來，面對這一地破碎的美麗，輕輕地自言自語：那麼，這隻杯子的前世是什麼呢？是一隻瓶子嗎？還是一塊地底下的水晶？

現在，既然它執意要破碎，不願意繼續作為一隻杯子存在下去，那它要到哪裡去？它還會有來生嗎？它的來生又會是什麼呢？一面鏡子嗎？或者……他告誡自己不再去想這個無法弄明白的問題。但他還是無法阻止自己的思路繼續下去——也許，杯子和破碎之間，是一種必然的關係。因為有了杯子這個因，破碎就成了不可避免的果。然後，破碎這個果又作為新的因，產生出另一種全新形態的果。因與果的循環，或叫輪迴，就是如此有始無終地進行著。人世間的一切事物，不都是這樣的嗎？

他從地上把破碎的玻璃撿起來，放在手心端詳著。

它們稜角分明，光彩逼人。

他似乎能感覺到這破碎的呼吸和脈動。

作為事物，作為生命，是可以打破常規，可以有各種存在形式的。他幾乎是肯定地想。

冬天的苦楝樹

站在北風中，雪片從渾茫的天空中大塊大塊地飄下來，落在她目光所及的溝崖、平地和村莊的屋頂上。她裸露著年輕的身體，但卻無法迴避雪片在她的枝幹上降落。這是村邊一座年代久遠的土崖，她就扎根生長在這土崖半腰凸出的一塊崖壁上。是一隻喜鵲在幾年前把她帶到這兒的。她還記得她的母親，那棵站在村子打麥場旁邊的苦楝樹，已經很蒼老了，在風雨中已不知站了多少年。樹是不能躺下休息的，無論在什麼情況下，只要生命存在，她們就要努力站立著。這是樹的信仰和原則。

她離開母親的枝椏被帶到這兒的時候，也是一個大雪遮掩了整個村莊的冬天。她和她的姐妹們總是在這種時候被白尾巴的喜鵲帶走，有的去得很遠，有的就在近處被放下來，這完全取決於白尾巴喜鵲當時的心情。

她想，她是應該感謝那隻白尾巴喜鵲的。是它給了她獨自生長成一棵樹的機會，雖然它只是為了它自己。但這卻是楝樹作為世世代代流傳下來的智慧所致的。要讓自己已經成熟了的兒女們到遠方去，落地生根，茁壯成長，這個任務只能請鳥兒們來幫助完成。作為回報，楝樹媽媽給她的每個兒女都包裹上一層厚厚的楝肉，這是鳥兒們在大雪封鎖了大地後，在所有的樹木上唯一可以找到的食物。它們不得不把楝子帶回巢中或藏在崖畔溝旁，以應付漫長寒冷的饑餓。楝樹是不畏懼冬天的，因為她的根深扎在土地中，大地就給了她們源源不斷的溫暖和養分。而鳥兒們就不一樣了。鳥兒沒有根，所以就離不開樹。這也是樹與鳥兒們千百年來達成的一項永恆的契約。

年輕的苦楝樹現在只有胳膊粗細，但她卻也早已做了母親。她嬌嫩的枝椏在寒風中伸展著，上面掛滿一串串金黃的小鈴鐺。一隻喜鵲正叼起一個飽滿的小鈴鐺飛向遠方。

她雖然也有片刻的傷心，但她更多地還是感到安慰和驕傲。因為，在明年的春天，那些離她而去的兒女們，將在她的四面八方生長成一棵棵獨立的小樹。她們的小手臂將會在風中向她揮舞，透過紛飛的大雪，彷彿已可以看到了那些嫩綠的笑臉，聽到那些嫩綠的歌聲。

她簡直有些陶醉起來。
一種圓滿和無邊的喜悅在她心中升起。

愛殺

1

我曾經在中原城市鄭州客居多年。在這個城市中，我不停地搬家，不停地漂泊著。伴隨我的，只有書本和幾盆花草。那年我從黃家庵遷居到名為黑朱莊的地方。這是一個剛剛靠轉讓土地富起來的都市村莊，和人一樣，還來不及溫情和斯文。滿目能看到的除了沙土、水泥、磚木和污水，就是紛紛嚷嚷、形形色色的人。樹木、花草及鳥的飛翔與歌唱，似乎還是一本存放在書庫中的精美圖畫，只能憑著想像才能去翻閱。但我卻需要綠色，需要有生命的花兒開放，來陪伴我枯燥的日子。

在新建成的未來大廈前，我見一位花匠拉了一車的花卉在售賣，便近前去看。那花匠向我推薦幾種據說十分名貴的花草，我搖搖頭，選了一盆石榴。不為別的，只為石榴中有我的童年記憶，有我對於故鄉故土的夢。

在我的童年和少年，石榴和梧桐，是我朝夕相處的伴侶和守護。我住的北屋門口，東側是一棵梧桐樹，西側就是一株老石榴。我降臨這個人世間時，她們已不知在那裡守望多久了。直到我離開那片土地，她們還站在那裡守望著，直到現在，我似乎還能聽到她們在星空下，在風雨中的呼喚。而事實上，她們早已在後來的鄉村改造運動中灰飛煙滅了。但在我的思念中，她們一直都活著。

案頭上的石榴，與我童年老屋門前的石榴自是無法同日而語。那童年的石榴樹植根在深厚的黃土地中，夏天裡開放一樹如火的花兒，秋後又奉獻出累累果實。年年中秋夜，老祖母都要用這紅碩的石榴果敬奉「月奶奶」的！我當然不會愚到要這棵生長在瓦盆之中，僅可觀賞的石榴也結出可供奉「月奶奶」的果實來。她能為我重溫一下童年，我就已經知足了。

然而，這株石榴不久就病了。來時開得火紅的花兒幾天後就枯萎了。剛綻放的幾朵更是紅顏命薄，在開放的次日，就紅落香謝。感傷之餘，在陽光下細看，才發現這每朵花上都伏滿了密密麻麻的綠色小蟲子。再看那些未開的花蕾，也都被這些不聲不響的小東西包圍著。原來是它們在作怪！我想到了噴藥，但又怕傷了花蕾，就只好用手指，細細地將這些小東西給清理乾淨。不幾天，又有幾朵榴花開了，並且開得持久而熱烈。有一朵竟從枝柯上低垂下來，嬌羞地伸向我。

這該是石榴對於我呵護她的一份深情回報吧！

榴花默默開著，不言不語。她只是一朵一朵地開了，又謝去。有時，我寫得累了，抬起頭，呆呆注視著這比我在塵世中的道路還要短暫的生命，就想：她們開花，或者結果，究竟是為了什麼呢？

但我馬上就開始笑自己的無知。她們開放，難道真的還需要別的什麼理由或他人的意旨？難道開放本身不就是花兒的理由麼？我閉上眼睛，悠然間，這案頭的榴花，彷彿就開在故園的老屋前，梧桐的綠蔭下……

2

冬天過去，春天到來的時候，我將在室內藏了一冬的紫羅蘭、石榴等搬到陽臺上，讓她們也來沐浴些陽光，享受點春風。我始終認為花草是有靈性的，我愛她們，她們也一定在愛著我。在我伏案寫作，燈下讀書時，她們默默伴著我，讓我感受到生命與生命間傳遞著的種種神秘資訊和語言。

在溫暖的陽光中，紫羅蘭青春勃發，不斷有新的莖葉生長起來。那株石榴也不落後，抽綠吐芽，身姿搖曳，歡快如一位情竇初開的少女，在春寒尚未消盡的時候，就悄悄開放了她火紅鮮豔的花朵。我的欣喜之情無法掩飾，於是就想，應該給她們增加一些養分，讓她們長得更好，花開得更豔更多。

但是，對於侍養花草我是太缺乏知識和經驗了。我不明白該給她們增加些什麼養分。恰在這時我發現陽臺的一個角落中有一隻紙箱，紙箱中放著一袋袋酵母片，大概是前任房客留下的。對這種助消化的藥，我不陌生，過去曾服用過，據說有病治病，無病可以增加營養。我想，這酵母片人能吃，植物就一定也能吸收。於是，就給石榴和紫羅蘭的盆中，各倒了一包，又用水澆浸，聞到一股類似牛糞的氣味。我想石榴和紫羅蘭們能茁壯地生長，暫時有一些怪味，是可以忍受的。

但是，我的自以為是很快就受到了懲罰。先是紫羅蘭肥厚的葉片由舒展變為蜷縮，一副疲憊、苦痛的樣子。想來想去，沒有別的原因，只能是這酵母片了。看來它不合紫羅蘭的胃口，因為同時施放的石榴，還是葉綠花紅的，並無異樣。人不也因體質、好惡的不同而挑肥揀瘦的麼？想來植物也是如此。於是便急忙給紫羅蘭重新換了土，不久她又漸漸舒展了葉片，開出夢樣的花兒。

就在紫羅蘭轉危為安之時，石榴的病相卻開始顯露出來。也許石榴的承受能力較強，想極力抵抗住那些侵害自己的東西，但最後還是失敗了。先是正在盛開的石榴花兒，一朵一朵地從枝頭脫落下來，接著是那些綠色的葉片，開始一點點蜷縮。我急忙像搶救紫羅蘭那樣給她換土，澆水，然而，石榴的乾枯卻不可遏止地繼續著。我天天看著她，像看著自己生命垂危的愛人一步步走向死亡而無力救助，內心充滿深深的自責和苦痛。

那是六月，正該是石榴花開如火的季節，她卻死了。她的葉子乾了，卻不落，依然保持著綠的顏色，就那樣蜷在枝頭，似一隻只因不甘心而掙扎著的手。在乾了的枝葉間還有幾顆剛剛綻放了一點點的花蕾枯死枝頭，鮮紅如點點漁火。我自知石榴復活無望，就將她自盆中拔出，這才發現，石榴的根須都被燒壞了，如同開水燙過的一般。

若說石榴死於謀殺，那我肯定冤枉。但若說她死於我的無知，我的「愛殺」，那我就無話可說了，只好低了頭認罪。

黃桷蘭，黃桷蘭

我來成都時，剛好是初夏。走在大街上，見許多女孩胸前都懸掛著兩個或四個黃色的花骨朵，香氣四溢。我不知道這是什麼東西，只是覺得新奇。中國版圖上的這個西南大都市，與中原城市相比，確有許多的不同。在開封或鄭州，就沒有人在胸前掛了花朵兒，在大街上走動的。

後來我知道了這種懸掛在成都女孩胸前的花朵叫黃桷蘭。

我沒有見到過黃桷蘭的樹木，連枝葉是什麼樣子也不知道。只是在街頭巷尾，公交站牌下，見到有許多兜售黃桷蘭的小販。多是些老太太，搬了一個小板凳，在馬路邊上一坐，面前擺放一個竹編的籃子，籃子裡就盛著許多用白線穿起來的這黃桷蘭，一般是一串兩朵。也有年輕的男孩或女孩做這生意的，他們一般是流動性的，有時就在街道的十字路口，當車輛遇紅燈滯留時的片刻功夫，向車主，特別是車裡的女士兜售，成功率竟很高。這種黃桷蘭是不單串賣的，要買就一下買兩串，才五角錢，所以也幾乎沒人買單串的，連錢都不好找的。如果是情侶，五角錢買兩串，每人一串的掛在胸前，香氣瘟氤中在街邊漫步，是一件十分浪漫有情趣的事情。

才來成都的時候，被楊拉了到處在大街上走，禁不住好奇，買過幾次這樣的黃桷蘭，用小販送的小別針每人一串的別在胸前，面對陌生的城市陌生的人群，毫無顧忌。人大概就是這樣，在一個陌生的環境中，你就容易放下種種的擔心，去做一些讓自己都吃驚的事情。而同樣的一件事，在你熟悉的地方和人群裡，就要思前想後的顧慮重重。所以我想，一個想要不斷更新超越自我的人，最好是要經常的換換地方。環境的改變，是心情改變的一個重要前提，這大概也可以算作一條真理吧。

含羞草的秘密

聽人說，一株含羞草就是世間的一個女子，花兒就是她們的香魂。

初秋的一天，和朋友一起去機投鎮郵局取兩筆稿費。作為職業撰稿人，也就是人們常說的所謂「自由作家」，這是每月都要做的功課。如果這項功課停止，我的寫作生涯也就難以為繼了。郵局是我寫作路上的一個加油站。我的稿件從電腦出發，經過漫漫網路到達報刊編輯那裡，若有幸被刊用，最後就會在郵局的櫃檯前變成一張或幾張紙幣，然後再變成房租、麵包、啤酒這些東西，推動我繼續寫下去。

從郵局出來，朋友說想到花木市場看看，買幾盆花。我們到達花草市場時，已經十一：三十左右，一些攤主已經開始將擺在路邊的花草裝車收攤了。我們就沿街走下去，朋友也許是有目標的，但我卻純粹的是屬於閒逛，所以就總是漫步經心走在前面。沿街擺放的花草，多是我這個北方人所陌生的。當逛到街盡頭最後一家時，我看到了含羞草。

當時我還不知道這草叫什麼，我只是看到這草很特別。它的那些粉色小球和風一吹就收攏合抱的葉片吸引了我。朋友過來了，說這是含羞草。我當即就決定買一盆。含羞草，久聞其名了，只是無緣相見，今日相逢，豈能錯過？問了價錢，還好，老闆並沒當它是什麼寶貝，每盆只賣三元錢。朋友幫我挑了一盆造型好、花蕾多的，用一個塑膠袋子裝了。老闆特別的囑咐，這花身上有刺呢，要小心。

含羞草到了我的住處，就被安排在陽臺上，加入到那裡太陽花、紫羅蘭、石榴和地雷花組成的綠色梯隊中。每當我在電腦前累了的時候，就會踱步到陽臺上，看看我的這些綠色小朋友，看它們誰開花了，誰缺水了。當然，注意最多的，還是這棵初來乍到，有著幾分神秘的含羞草。

含羞草開出的花是粉紅色的絨球。有趣的是它不像其他花那樣單獨的一朵一朵開放，而是要麼一朵不開，要麼一開就是十幾、幾十朵。我的嗅覺大概有些問題，所以嗅不到這些含羞草花是否香氣襲人。但我看到偶有蜂或蝶的身影，在那有刺多絨毛的枝葉間流連。並且我還觀察到，含羞草不但葉片在被觸動時會合攏了抱在一起，夜晚它們也是要收縮了葉片合抱一起的，像一個懼怕寒冷的小姑娘，這有點與合歡樹相像。

含羞草的花開時間，是在天亮之前的黑暗中完成的。這是有天清晨我早醒，天剛濛濛亮時在陽臺上無意中發現的。含羞草的那些絨球在朦朧晨光中挺舉著，十好幾朵，而此時它的葉片都還在夜色中緊緊抱在一起。這情景在我頭腦中生發出諸多聯想。

當然，更令我感到意味深長的，還是含羞草的果實。

含羞草絨球模樣的花，頭天夜間開放後經過一個白日，到傍晚就衰敗了。那曾經嬌嫩無比的球狀花朵在黃昏的光中不再粉豔，而是迅速的變得枯萎灰暗，第二天就會像一團雜舊的線頭那樣垂掛在枝頭上。每次花開之後，就會有一些「線團」落在花盆的四周。生命之花的如此短暫，如此容易凋零成醜陋的一聲嘆息，已經不在我的意料之外。

不久我就發現，這些枯萎枝頭的「線團」，並非全部落去，每次花開，就總有幾個留下來。那留在枝頭的灰暗線團中，漸漸就有嫩亮的綠色透出來。但這可不是葉片，而是果莢。幾天後，枝頭上終於有幾片綠色的果莢掛出來，又隨著時日漸漸的變得飽滿。當季節抵達中秋的明月之夜時，含羞草的枝頭已經是果實串串了。

可是，為什麼有的花結出了果實，而大多數就無聲的脫離了呢？因為疑問，我便不能不在花草前將佇立和凝望堅持得更長更久些。慢慢的，我就明白了。含羞草的球狀花序，由許多細細的絨絲呈放射狀向外伸展著，每根絨絲的外端又都舉著一個金色的小球球，像是一柄象徵權力的權杖。呵，那權杖頂端的金色小球，應該是含羞草進行生命密碼傳遞的花粉吧。它們在蜂、蝶的媒介下，完成自己的使命。

不是每朵花都會有結果，不是每朵花都能完成造物所賦的天職使命，這應該是一個簡單明瞭的自然道理。開花是一種緣，結果則又是緣中之緣。那些果，每一粒都是它們累世的心願在呈現。

在紛紛的眾多凋零中，種群的驕傲在延續，這是值得祝福的。

於是啊，我相信，一株含羞草就是世間的一個女子，那些果實，那些仔粒，就是它們的子孫了。

芙蓉花開

進入十月之後，位於成都城西的中央花園裡，一叢一叢的芙蓉花就漸次開放了。待到了十月中下旬，那芙蓉花就開得熱烈起來，很有點「如火如荼」的勁頭兒。特別是在中央花園三期內，幾棵木芙蓉特別的惹眼。在綠草坪上，在其他的花木之間，芙蓉花簡直就像是從雲天滾落下來的一團團彩雲，紅白相間，在微風中飄蕩搖動，令人不能不生發出連連的讚嘆。

日前我去芙蓉古城遊玩，看到那裡的芙蓉花也正在小橋流水間開放的熱烈，倒是與這處很文化的城堡式古建築群名副其實。我是愛花之人，於是就每每留連在樹前花下，將這代表一個城市風韻和美麗的花朵，攝取到鏡頭之內，也存留到我的心靈檔案中。

當然，幹這事兒的不止是我一人，我剛剛就看到在一叢芙蓉花前，一位藝術氣十足的老者，舉著比我專業得多的長鏡頭，在調焦拍攝。身邊還有一位女士，在悄聲指點。沒準，這老先生會在不久的某一天，出版一本叫做蓉城攝影集的大本本，裡面就有他剛才拍下的花朵呢。

對於芙蓉花，我在來成都之前的北方，是只耳聞沒有目睹過的。當然，對於蓉城的傳說和來歷，很早就知曉一些。其一好像是說，五代後蜀的浪漫皇帝孟昶，有一妃子名花蕊夫人，她不但嫵媚嬌豔，還特愛花。又在眾花裡面，偏愛芙蓉。皇帝孟昶為討愛妃歡心，就命百姓在城苑上下遍植芙蓉樹。花開時節，成都於是就「四十里為錦秀」了，成都自此也就有了芙蓉城的美稱。當然還有一些別的關於芙蓉花與成都城的傳說，但我比較相信前者，因為在中國，權力是很厲害的東西，特別是唯我獨尊的皇權，就更厲害。皇帝可以幹成很多的好事和壞事，包括這栽花種樹討好女人的事業。那麼，我們今天是不是應該對這位浪漫的孟皇帝說聲謝謝？畢竟是因為他，成都也才有了這一番獨一無二的說辭和魅力。

但我初次見到芙蓉花時，卻鬧了個小小的笑料。我在一棵芙蓉樹上，一天之內分別看到白色的花朵，繼而又看到深紅的和紫紅的花朵出現，就認為是一樹開出數種不同顏色的花朵，便喜不自勝地在網上遍告諸友。後來就有成都的一位女士，給我撥亂反正說，那芙蓉花的白、紅、深紅諸色，只是同一朵花兒在一天中的不同時間段的不同表現而已，那叫「曉妝如玉暮如霞」，叫「一日間凡三色」，叫「三醉芙蓉」……你可且莫錯把無知當成重大發現了啊哈哈……後來我一查資料，人家說得不差，就只好虛懷若谷的連連說我錯了我錯了還不成嗎？

「千林掃作一番黃，只有芙蓉獨自芳；喚作拒霜知未稱，看來卻是最宜霜。」呵呵，原來這木芙蓉還叫「拒霜」呢，這芙蓉花還又叫「拒霜花」！今天剛好是霜降，我就坐在這芙蓉花前，讀讀東坡居士的這詩句。想一想，就為這拒霜芙蓉花，我的選擇成都作為生命之旅中的一個驛站，應該也是沒有錯的。

成都買花如買菜

坐在電腦前，放在桌角的一束梔子花的香氣，便一陣陣的飄入鼻孔。這是前天我去買菜時，在菜市場的一個菜攤上順便買的。我拿了一元錢給那賣菜又賣花的人，他就遞了兩把白花綠葉的梔子花給我。大概和街頭上兜售黃桷蘭的小販一樣，都是懶得找零，乾脆就以元為單位，每元兩把的賣。

成都號蓉城，又號錦城。蓉當然是指成都的市花木芙蓉了。而錦的說法卻不一致。有說是因為三國蜀漢時，這裡曾設錦官城，管理成都的織造錦緞事務。因此，到後來唐朝的一個秋日清晨，和我一樣從中原來到成都的杜甫才寫了「曉看紅濕處，花重錦官城」。成都人熱愛詩歌，於是就從杜甫的詩中提煉出一個錦城來，也不是沒有可能。但錦城還有另一說法，就是成都不但曾經遍植芙蓉，如雲似錦，還一年四季的香飄不斷，繁花錦繡，於是才有了錦城之說。

如果，有人非要問我更喜歡上面的那種說法，我雖然常常的也要吟詠幾句杜老的詩來解悶，但比較起來，還是後面的說法更能符合現實。成都的確是一年四季的都花開不斷。春天的城郊原野裡，被詩人席永君說成造反部隊一樣「揭竿而起」的金色油菜花就不說了，但是那遍佈城鄉如煙似霞的桃花，就讓人不能不看。夏天的花就更多，街頭上經常看到的有黃桷蘭和梔子花，還有三角梅、夕顏等。秋天，更是紅黃遍地。黃的是軟枝黃蟬，紅的是拒霜木芙蓉。冬天呢，我想最有代表性的，就是暗香浮動的臘梅花了。有很多近郊的花農，用三輪車或自行車帶著，沿街叫賣，按大小、品質分開。大的好的每把六到十元，中的小的五到三元就可以買回家。

臘梅不但香氣襲人，而且開放的時間特長，不用任何特別措施，就將枝幹泡在清水裡，也可以半個月的不斷開花，不斷流香。這是其他花不能比的。

當然，更有一年四季都不斷的，就是玫瑰和康乃馨。想必它們都是些特別的花仙，是在那些人們特地營建的恆溫天堂裡生長的。

在北方城市，夏秋時節是花最便宜的時候，每枝玫瑰沒有三幾元也是買不到的。但在成都，一元錢可以買十枝。所以，我對老家的人說，成都是個好地方，起碼情人節的時候，就會省錢得多。

不過，什麼東西一多，也就不稀罕了，花也這樣。在北方寶貝得什麼似的鮮花，在這裡就真的和青菜一樣，不值錢。有時，在街頭看到一個挑了兩個籮筐的農家婦女，不用她叫賣，不用她打開蓋在籮筐上的搭布，我就知道那裡面一準是花而不是青菜，若是出二、三塊錢，她就會當我是個大主顧，把鮮豔豔的一大把玫瑰什麼的遞上，還臉上都是笑。

大自然的薄命歌手

星期天到公園去遊玩，在繁茂幽靜的林木間，我聽到了一陣蟬的鳴唱。在喧鬧的都市中，已很久聽不到這大自然的歌聲了。

蟬是一種可愛的小生靈，薄薄的透明的翅膀，圓圓的大眼睛，身上布著美麗的花紋。在我關於童年的記憶中，就有許多是與蟬分不開的。那時住在鄉間，每當初夏，一場大雨之後的黃昏，看吧，這裡，那裡，到處燈火閃動，大人孩子都出來摸「爬叉」（蟬的幼蟲）了。它從樹下的土層中鑽出來，緩慢地向樹上爬，幾個小時後蛻去最後一次衣殼，就換了一幅全新的面貌，也是在完成它生命中一次質的躍變。才蛻罷殼的蟬這時身軀很嫩，翅膀濕軟地粘在一起，幾個小時後翅膀乾硬了才能飛行。這時，也是蟬生命中最危險的時刻，因為除了人類的捕捉，還會受到其他夜行動物和鳥類的襲擊，足見其生存的不易。蟬是世界上壽命最長的一種昆蟲。它們在從卵到成蟲的過程中，要在黑暗的地下生長漫長的四年之久，蛻變四次衣殼，然後才能鑽出地面，在地上再蛻一次殼後，才成為美麗的蟬。但可憐的是，它們在地上光明的世界中，僅能自由地飛翔、歌唱三、四個星期，就又隨風飄逝而去了，真是簿命得很哪！

在我國浩如煙海的詩詞歌賦中，有不少詠蟬的名篇佳作，詩人墨客們往往託蟬言志，借蟬抒情。如唐朝駱賓王的《在獄詠蟬》一詩：「西陸蟬聲唱，南冠客思侵。那堪玄鬢影，來對白頭吟。露重飛難進，風多響易沉。無人信高潔，誰為表餘心？」就是詩人在獄中聞蟬鳴，以蟬自喻，抒寫自己被誣下獄，無人相信自己的高潔而為之辯白的憂憤。全詩情致淒婉，真切感人。又如北宋詞人柳永，在《雨霖鈴》一詞中，開篇便是：「寒蟬淒切，對長亭晚，驟雨初歇……」借秋蟬的鳴叫之聲描繪出一幅淒涼的離別景象，用以襯托詞人一腔的離愁別恨。

然而，蟬聲在詩人墨客筆下雖多淒切，但從生物學的角度講，卻又是另一種意義了。蟬的品種不同，鳴叫的聲音也各異。如柳永筆下所寫的「寒蟬」大約是指一種蟲體比一般蟬要小的「知了」，也就是秋蟬。而一般的蟬則鳴唱於夏天。雄蟬發出的叫聲，是向雌蟬發出的求愛信號。雌蟬是不會發出聲音的，它只能默默地承受一切，至死一語不發，因為它們沒有發聲器，是天生的啞巴。雌蟬與雄蟬交配產卵後，不久便雙雙聲消形散了，但也預示著：新的漫長的生命輪迴，又要從頭開始……

草之歌

春天，是生命的搖籃。在每年的早春，最先悄悄地把象徵著生命和希望的綠色呈現在你眼中的，卻必定是那些看似微不足道的小草們。

驚蟄前的一個星期天，我約一位詩友一起前往鄭州之北的黃河大堤花園口。沿著河岸向西，有一大片去年訊期時河水曾淹沒過的灘地。現在地面上佈滿了細細的泥瓦皮，像大地憂思的額紋。我們的身影投在上面，有一種蒼茫的感覺。遠處的一群水鳥，正在由南向北橫渡滾滾東去的黃河。當我們從遠處收回目光，注視腳下，我們才發現在黃河的激情和大地的憂思之中，生命的綠光，已經鋪展開了。在春天暖融融的陽光下，那一片片晶瑩碧透的嬌嫩，讓人看到了生活中新的希望和衝動，一種想幹點什麼的欲念油然而生。

春意濃而夏日香。這是詩人們對大自然中花草的一種總結。也許有人會說，最善解春意和夏日情韻的，是杜鵑、黃鸝等大自然的歌手們。其實，最能知解春意夏情的，我覺得正是那些默默生長在河邊路畔的草兒們。很難說，那些青青綠綠的閑花野草，到底給予人類多少經濟上的價值和實惠？但是，在漫長寒冷的冬天裡，無數熱愛生活的人們，無不把一腔愛的熱望寄託在她們身上。夏天，它是生命的泉水。因為它讓春天裡孕育出的無數生命，在它熱烈的懷抱裡迅速地生長起來，不能不說是人間天地中最可寶貴的時光。當你在夏日的清晨，走在綠茵如錦的草地上，聽著身邊花木叢中的鳥鳴蛙唱，你就一定會感受到一種生命的蓬勃與湧動。

「離離原上草，一歲一枯榮。」隨著季節的推移，春夏過去了，到了秋末冬臨之時，草的顏色漸漸地深沉下來，由青綠變成了褐黃，開始呈現出枯槁之氣，蕭瑟的寒風更增加了一種悲涼。更可能一場火，就把原本充滿生氣的大片草地燒成了一片焦黑。火劫之後的殘莖灰土，彷佛草的魂靈在向茫茫蒼天泣訴，質問著生命之神，何時才能重新歸來？

「野火燒不盡，春風吹又生。」草兒雖是柔小的生命，但它卻決不肯屈服於強力和暴行，也不會在災難面前一蹶不振。它們在第二年的春天，在春風春雨之中，又會呈現出生命的綠光。草的生命力是頑強而持久的，決非那些脆弱的生命可以比擬。

草的種類很多，人們把它們通稱為卉。沒人能夠說清這個「卉」字中包含著一個多麼龐大的綠色家族，我們所知道的諸如畫眉草、狗尾巴草、馬齒莧、蒲公英等等，只不過是這個大家族中的一小部分。草兒們總是悄無聲息地生長在一切有泥土的地方，並不要求特別的恩惠和施予。它們的花兒既不多也不香氣襲人，從來也不與其他嬌妍植物們爭豔鬥奇。可是，就是這些不起眼的草兒們，給人類構寫了一幅幅綠茵如畫的錦繡園圃，把其他的花兒也扶持和烘托得更加秀美。特別是在今天人類保護和改善自身的生存環境中，草們的功績正是無法估量的。

四月的田野

對於一個居住在城市中的人來說，田野是遙遠的。但對於一顆渴望自由和自然的心靈，田野是一幅魅力無窮的畫卷，是一種誘惑。特別是在四月，田野的花香和翠綠，讓人無法掩飾驚喜的目光，無法抗拒和謙讓。

在中國北方的平原上，四月的田野，是綠的麥子和金色油菜花的世界。這也許還不是大地最富足的時候，但卻肯定是它最具光輝和燦爛的月份。

昨天，一場春雨過後的下午。我騎著單車，離開車流人潮的城市街道，逃出讓靈魂日漸枯萎的鋼筋水泥建築，穿過城市邊緣連綿的噪音和垃圾，我進入了遠郊芬芳的田野和寧靜的村莊。

在一條鄉間的土路上，我推著自行車慢慢地走著。路的兩邊是麥田和油菜花，有一些鵲鳥在這裡飛起飛落，嘎嘎叫著。在一座無人居住的草屋前，我停下來。支好車子，我在一塊石頭上坐下，心中有一種久違的衝動，有一種詩情畫意在湧起著。我取出紙和筆，像一位畫家打開自己的畫夾。我要記錄下四月和田野在我心中投設的美好和寧靜，我要留下這片刻的心靈感受，讓它成為永恆。

正當我沉浸在冥想之中時，突聽身後有輕輕的人語聲。我禁不住回頭，原來是幾個背著書包的小學生。他們站在我背後，小聲地咬著耳朵議論著什麼。

「小朋友，你們是前面那個村子裡的嗎？」

「對呀。你是誰？我們怎麼不認識你呀？」

我聽著一個小姑娘麥苗一樣可愛的聲音，就笑了起來。

「叔叔，你在幹什麼？畫畫嗎？我也喜歡畫畫的。」那個女孩又說。

「不，我沒畫畫。我在寫一首詩，要把四月的田野和你們都寫進去。」

小女孩看了看她的幾個小夥伴，然後他們也笑起來，而後就互相追逐著跑掉了，只把嫩嫩的笑聲灑得四處都是。此刻，我想起我的童年和少年時代。我也有過這種踏著田間小道去上學和回家的歲月。我最早的一首詩，就是在放學的路上寫成的，那也是一個春天。

不知什麼時候，太陽已經不見了，是雲層遮住了它。我漫無目標，自由自在地騎車在寧靜的田間小路上徜徉著。一個村莊出現了，村前有幾條狗在追逐嬉鬧。它們看到我，只是警覺地嗅了幾下，就跑遠了。村子裡很靜，幾乎看不到人。我在一間開在路邊的小賣店前停了下來，買了瓶礦泉水。看店的老人看著我說，你是出來郊遊的吧？跑得可不近哪！我問他村中可有客店可住？老人笑著搖頭，村中怎麼會有客店，誰會來住呀？

可我就真的想在這飄滿油菜花香的村子裡住下來。這雖是一個很簡單的願望，可要實現它卻也不容易。

我本來就曾是這土地上一個村莊中的一員，後來進入了城市。當我有一天想重新回到故鄉的綠色家園中去時，已經不可能了。城市和農村，被一種人為的東西分隔著。天近黃昏的時候，我只好戀戀不捨地往回走。我還得回到那間都市中寄居的房子裡，沿著社會給定的日子一天天過下去。

田野是美的。四月的田野，是美的。

我放棄原路返回的念頭，選擇了一條陌生的歸路。因為我喜歡生命中新鮮的經歷。田野中的道路，在黃昏時分很靜，看不到其他的行人。我覺得我有點迷路了。

我希望我真的會迷路。因為這是四月的田野啊！

柚子熟了

柚子是什麼時候悄悄上市的，我沒注意過。但當我注意到的時候，柚子已經勢不可擋地佔領了成都的大街小巷。

每個人都對新鮮的事物感興趣，我也不例外。柚子對我來說，就是個新鮮事物。我是去年來成都後才認識柚子的。當時在水果攤上看到柚子時，我還問這是什麼瓜？惹得賣柚子的大嫂一頓好笑。後來又看到攤前的小紙牌上一律寫著「十元三個」，更覺得不可思議。這麼大的水果，怎麼才三元來錢一個？一定是不好吃吧？等我買了一個回去一嚐，不禁讚嘆，原來是個難得的好東西。那去掉外殼後的一瓣瓣一條條果肉，酸甜爽口，清香四溢。不但可以解渴，而且還能充饑呢。早上不想弄飯了，就掰幾瓣柚肉填在口中，對於像我這樣身在異鄉，獨自對付生活的人，的確是個滿好的辦法。何況，據說柚子不但可以健胃生津，還能降低人體膽固醇，還能預防心臟病的發作呢。更還有一位朋友告訴我，買個柚子，不要切開，用繩子懸掛了放在屋裡，就能將室內空氣給淨化得清清澈澈的，如在果園之中，因為柚子會散發一種獨特的清香。呵呵，沒想到，這乍見初識的柚子，竟然是個物美價廉的大寶貝！

於是，就找了資料來看（這是如我者的毛病一項，凡事總想搞個明白），柚子又名「文旦」，主產地為閩南的龍海、漳州、廈門、華安一帶。這些地方栽種柚子已有六百多年歷史，成熟得早，肉厚、汁多、無籽，味道又甜美，遠銷海內外。但看成都的媒體報導，四川和廣西等地的柚子現在也都經過不斷改良，迎頭趕了上來，在市場上與福建柚子一比高低。在成都的竹友鎮，每年還舉辦柚子節，吸引買家上門。

當然，我的興趣不在考證和比較什麼。作為食者，也就是消費者，我只要知道哪種柚子好吃不貴就行了，至於別的，自然不去理會太多。

去年的初冬時節，一位鄭州的朋友來成都遊玩，在遍嘗諸如夫妻肺片、肥腸粉、麻婆豆腐等風味名吃之後，我向她推薦了柚子。在絕大多數北方人的頭腦裡，柚子是個陌生的傢伙，我這朋友也不例外。但我在杜甫草堂門前一個小販手上買到的，卻是一個地道的苦柚。

個頭小，肉也不多，而且苦澀難咽，最後只得悄悄將它交給垃圾箱了事。等朋友在這裡玩耍一周後要返回時，我想送她一件東西作禮物，選來選去，就還是選中了柚子。這次我是在一家水果店裡買的，個頭很大，味道也酸甜可口。後來朋友回到鄭州，打電話過來說，在一天一夜二十多個小時的火車上，多虧了那個大柚子。她在車上不知為什麼，別的飯食都吃不下，就靠一個柚子充饑。她先說謝謝柚子，然後才說謝謝我，看來，柚子排到我前面去了。

據悉，這兩年北京已經上市了這種產在南方的水果，不知道我千里之外的中原城市，是否也有了柚子擺上街頭？讓我的故鄉人也能一嚐這南方的佳品。

流螢逸話

每當夏天的夜晚，繁星滿天。如果你有興致，信步走在公園的花木間或草地上，或是城郊的小河邊、田野裡，幸許就能看到那些可愛的放著光亮的小蟲子，一閃一閃的在你腳畔飛舞著。童年時在鄉間，夏夜捕捉流螢便成了一件有趣的事情。常常是把十幾隻、幾十隻的螢裝進一支玻璃瓶中，在熄了燈的屋子裡，螢光就特別的豔麗。常常就在這閃閃的螢光中進入了甜美的夢鄉。唐代詩人杜牧有一首題為《秋夕》的詩寫道：

銀燭夜光冷畫屏，輕羅小扇撲流螢。
天街夜色涼如水，臥看牽牛織女星。

詩人筆下關於螢的描寫，是純樸而令人陶醉的。對於螢的生成，古人由於沒有生物學方面的知識，於是就生出不少的誤解。據《禮記．月令篇》所載：「季夏之月，腐草為螢。」「螢為腐草竹根所化，初猶未如蟲，腹大已有光，數月後變而能飛，生陰地池澤，常在大暑後飛出，是得大火之氣而化，故如此照明也。」事實上，螢和所有生物體一樣，都是由前一代產生的。通常，螢卵是產在腐物敗草之上，幼蟲孵化後，就靠食取這些腐殖物作營養而成長。

螢是一種甲蟲，也是一種益蟲。在我國和日本，螢對於控制血吸蟲病，發揮著重要作用，因為它們嗜食的蝸牛是把血吸蟲傳入人體的媒介。在斯里蘭卡，人們利用螢來對付為害農作物的蝸牛。紐西蘭也曾從英國運入夜光螢來作生物控制。螢是一種奇異的小昆蟲。中國的螢體積較小，如一粒黃豆那麼大小。螢的背部中央生有翅蓋，飛行的時候，翅蓋上舉，翅膀便從蓋底伸展出來，發出一閃一閃的螢光來。而這一閃一閃的螢光，又是兩性間求偶的信號。雖然雌雄螢的光沒有顏色上的區別，但雌螢的光比雄螢要弱一些，雄螢一眼就能認出雌螢的光來。雄螢就由雌螢的光引導著，一閃一閃地飛向了它的浪漫之約。

關於螢，在中國有著許多優美的傳說。在《成應元事統》一書中，有這樣一段記載：「車胤好學，常聚螢火讀書。時值風雨，因無法捉螢，胤嘆曰：『天不遣我成其志業耶？』，言訖，有大螢傍書窗，比常螢大數倍，讀書訖即去，其來如風雨至……。」這就是幾千年來流傳於中國「車胤聚螢而讀」的故事。

對於傳說中的大螢，雖然在中國難得見到，但在中美、南美和印度群島，卻是十分的平常。在夏夜的晴空之下，在當地蒼翠欲滴的熱帶密林中，這些巨螢成群飛舞，猶如滿天流星似的，實在是極為壯麗的景象。當地的土著人，走路時就把巨螢縛在鞋尖上面，當作燈籠一樣照明，還有好心的人則把巨螢掛在樹上，供後來的人取用，這不能不說是件十分有趣而又十分環保的事情。

是的，關於螢，確是有許許多多講不完的故事。也許你就正和圍坐在你身邊的小朋友們講述著這些優美的故事吧，正在教他們唱一支古老的童謠：「螢火蟲，夜夜紅，飛到西，飛到東……」，使那些天真純潔的小心靈裡，留下些對神奇大自然真切的認識和印象。

棲息

在我租住的房屋的客廳外，向西是一面窗子。窗外，近來時常有一對麻雀兒在那裡嘰嘰喳喳，用它們的鳥語說個不停。但鳥語與人語不同。人語可以使寂靜的環境受傷，從而成為令人生厭的噪音。鳥語卻可以和寂靜融為一體，不但不破壞人的心境，反而能給人心安撫。

有時，我就專門坐在臨窗的舊沙發上，去傾聽這一對小生靈的交談。漸漸地，時間一久，我竟能聽懂一些它們語言的意義來。原來，鳥類和人類一樣，也有自己的歡快、驚懼和憂傷。一般地說，在每個晴朗天氣的清晨，它們的情緒特別好，各自拍著翅膀，從一處跳到另一處，你一句他一句地歌唱著，輕鬆而快樂。而在暮色降臨的黃昏，它們的聲調就明顯地遲滯起來，零亂而憂傷，因為，它們也許感知到，美好的一天又過去了。而在天氣陰沉，或者大風大雨來臨的前夕，它們的聲音就變得淒厲而惶恐，急促地互相詢問著，彷彿對將要面對的命運感到不安。

這對麻雀當然是一對情侶。它們的新家就建在窗邊的一道縫隙處。它們飛進飛出，按照造物主的意旨自然而簡單地生活著，從來不會因為住房、工作或別的什麼事情而煩心動氣。

在窗的另一邊，又有一個漂亮的小巢兒，那是一對看天時從南方「移民」過來的燕子的居所。它們天生就有著建築師的本領，可以在自以為合適的地方建造自己的家園，而不必如高級而文明的人類那樣，建一間房要經過種種的審批手續。燕子是候鳥，秋去春來，南北兩個地方就都有一個家。因此，它們從某種意義上說，是比我們有些一輩子就待在一個地方的人類還要見多識廣的。

不但是麻雀、燕子們，大自然中的所有鳥蟲魚獸，都有著為自己建造「家園」的本領。人類當然也不例外。作為最高生靈的人，在漫長的進化過程中，棲息的形式所發生的變化，是地球上其他任何生物都不能比擬的。從樹居到洞穴；又從洞穴中走出來建造房屋，並且千姿百態，高可入雲，深則入地。並逐漸就有了殿堂與茅舍，別墅與棚戶的不同分別，將從動物中分類出來的人類，又再次分類，而為了打破這種分類，人世間就刀兵四起，血流成河。人類進步若此，愚妄也若此。

現代人類在獲得了許多文明贈與的同時，也被剝奪去了許多與生俱有的權利和本領。許多人的一生中，都在為了一個存身的棲息所在而忙碌奔命。

看來很簡單很容易的事情，被人類自己弄得萬分複雜艱難起來。

最近讀了本外國人在很久以前寫的書，叫《瓦爾登湖》。是十九世紀時的美國人亨利•梭羅所著。他在一個叫瓦爾登湖的地方，自己動手伐木，為自己建造了一個小木屋。前些年詩人顧城自殺身亡，國內出了本他與妻子雷米合寫的《英兒》，談到他在新西蘭一個叫激流島的地方，自己砍樹壘石，山上山下的也建了一座房子。不同的是，梭羅建的木屋是一個人的獨居，自力更生，種糧種菜，讀書寫作，十分自在；而顧城不同，有妻兒相隨，又有情人相伴，所以，他的創造最終造成了他的墳墓。那是他的欲念太重太多啊。

但無論如何，對梭羅或顧城這種試圖恢復人類固有自由和技能的嘗試，還是令人佩服並神往的。這不但是詩人可以辦到，一般人都能辦到的。只是人類既然進化得有了「社會」這個東西，就由不得你自己想幹什麼就幹什麼了。梭羅和顧城只是在特殊情況下的一種特例：他們不想在「社會」中棲息，於是就叛逆出去，或是被毀滅，或是被追回。

這是一個貨幣化了的時代。一切都貨幣化了：從形而下到形而上；從我們的行動到我們的思想，甚至我們最不想交易的感情和良心。

在今天的人海中，似乎所有的努力都只為一個目標：儘量擁有更多的貨幣。因為貨幣是你進出各種大門時所必須的通行證，包括你肉體所要棲息的地方。

人比麻雀和燕子們強，因為人只要擁有了貨幣，就可以得到想要的東西；人不如麻雀和燕子們，因為它們不需要貨幣，就可以得到自己想要的東西。它們只需要勞動和一份樸素的愛情，便擁有了身體和心靈的雙重棲息地。

而人類的心靈，上天無路，入地無門，只能飄浮在半空。這是可憐的，也是可悲的。

軟枝黃蟬

在我看來，一個人若有一個或雅致或奇兀，或富於寓意或便於聯想的名字，是重要的，也是有用的。有的人名字可以過目不忘，且僅僅從名字就可以產生好感。人們在看到一個人的名字時，總是會先從他名字的字裡行間來尋找關於這個人的某些資訊或答案。事實也是如此，多數情況下，一個人的名號，多少會對這個人的個性和內涵有所體現。用商業話語來說，名號就是一個人的註冊商標。

人和商品如此，樹木花草，也莫不如此。我現在所說的「軟枝黃蟬」，就是這樣一種集「高雅、奇兀、富於寓意和聯想」於一體的植物。

立冬之後是小雪，小雪之後是大雪，隨著十五天一個的節氣在日曆牌上侵略者坦克一樣的隆隆推進，小區裡花的家族便在寒冷的橫掃下不斷凋零著。現在，小區裡除了一年四季都堅持開花的月季外，就只剩下了一紅一黃兩種花兒。紅的是一串紅。這種花在北方的中原地區也是有的，只不過沒有這裡的這麼聲勢浩大，也沒有這裡的花期持久，從初夏到深冬，一直像一簇一簇的烈焰，給人一種生命的蓬勃和點燃。

但真正令我驚嘆的是那些鮮豔金黃的花兒，滿樹滿樹的在寒冷的冬日燦爛得令人既激動又暈眩。去年我到這裡找房時，就被這種花兒所吸引。這種花滿樹的燦爛和陣勢，頗像春天時候的油菜花，讓人一下子就有被融化進去出不來了的感覺。我的遷居這個小區，很大一部分原因，就與這種花的誘惑有關。

當我第一次在這裡見到它時，首先就是想打探它的名號。但這件事卻令我頗費了一些周折。

春天的一個清晨，我在小區裡的健身園邊，看到兩位老者在這花樹前鍛煉，就上前請教這樹是什麼樹？花叫什麼花？其中一白髮老者說，這是槐樹，花當然就叫槐花。雖然老者說的肯定，但我心中卻存有疑問。

槐樹對於我是再熟悉不過的了。在我的中原老家，槐有兩種。一種是所謂的國槐，我們叫它笨槐，因為它長得緩慢，是很本土很中國的一個樹種，木質細緻，枝葉稠密，夏季開淡黃色小花，秋季結出一串串槐豆來，是一味中藥。另一種是洋槐樹，學名刺槐，是從國外引進的。這種樹的枝幹上長滿了尖銳的刺，春天開白花，成嘟嚕成串的，濃香逼人。我的童年和少年時期，每當春季，必在老祖母的指揮下大肆採摘，然後拌了麵粉蒸吃，以補當時口糧的不足。這刺槐在成都也有，小區裡就有幾棵，開花的時間，比中原要早一個月左右。

但這開黃花的樹，我在北方是從沒見過的。細看這樹的葉子，是與國槐有點像，都是橢圓形的輪生狀，但樹和花的顏色面貌，卻絕對不同。並且，國槐可以長得十分高大，冠蓋盈畝，而這種樹卻像是一種專門的綠化樹，冠蓋很大，但很低矮，且枝幹旁撤，類似灌木。

有成都的朋友來訪，我便再次請教這樹的名號，可惜幾位朋友也都說不清楚。後來在小區散步，我又一連請教了幾位老人，他們竟也不知其名。看來，這樹雖是金色燦爛，卻是無名無輩的族類。並且，可以肯定的是它不會給人們的生活帶來實際的利益。不然，人們對它視而不見的態度，就太奇怪了。

終於，我想出一個辦法，寫了一個帖子細細描述了這花這樹的情狀，貼到一家著名網站的論壇上，向天下朋友求教。於是，一位網名叫「成都菜農」的網友告訴我，這樹叫「軟枝黃蟬」。

好一個軟枝黃蟬！這名字充滿詩情畫意，妥貼到位，給人無限的遐想，我喜歡。有了名字，我就在網上搜索關於「軟枝黃蟬」的相關資訊，竟有三千多條。原來這軟枝黃蟬產於南美洲，生性強健，莖葉中充盈白色體液，有毒。它不斷花謝花開，金黃花朵襯托著濃綠枝葉，格外的顯眼明目。一朵朵一團團的金色花兒猶如一隻隻金色的鳴蟬或鳥兒俯仰枝頭，所以這花又叫「黃鶯」。

這花更加神奇的地方，是它在一年之中竟可以開兩次。前年我搬來時是金秋十月，滿樹的黃花開得正鬧，一直到了元旦才漸漸敗去。可到了次年的春三月，這花就又開了，中間只相隔不到百日。只是這三月的花期很短，到了五月就紛紛敗陣。想不到七月份它又開花，且一直的就開到了年底。

今年，我想當然的認為，軟枝黃蟬一定還會像去年那樣一年兩季的開花，但我錯了。今年三月軟枝黃蟬沒有在枝頭出現，七月八月也沒有。我一天天的看，一天天的等，但它們就像是被什麼人集體關了禁閉，蹤跡全無。只有綠色的枝葉在其他花草的熱鬧中靜默著。也許，是花兒們去年開得太累了吧，所以今年要好好的休養生息。正當我疑慮重重的時候，它們似乎驀然間在一個夜晚掙脫了束縛，在九月的一個早晨，我出門猛的就看到那些空待了半年的綠色枝頭上，軟枝黃蟬又開出一片金黃。它們又回來了。

看來，生命的輪迴和榮敗，都有它自己內在的因緣和道理，作為看客的我，是萬難深入其中探其堂奧的。

蘿蔔開花

我知道蘿蔔是會開花的。

那是小時候，童年和少年的時光，是在村子西頭的菜地裡。也不會仔細去看，就是知道，這些蘿蔔留下來沒有被吃掉，開花了，是人讓它開的，是為了要它結種子，為了明年種更多的蘿蔔來當菜吃。蘿蔔是北方農家冬天的主菜，是農人的口糧，排名且在白菜之前。農人們為了說明這兩樣蔬菜對自家生存的重要和不同，還編了這樣的詩句廣泛傳播：「蘿蔔白菜，各有所愛……」

現在，我面前的這兩個蘿蔔，開花的因緣卻又有些不同。

今年的春節我沒在成都過，而是回了開封，在那個古城待了將近一個月才返回。

坐了二十多個小時的火車，回到了成都的住處。進門後的第一件事，便是廚房洗手間的各處看看，做一番清理打掃的工作。在廚房裡，我看到兩個節前買了沒來得及吃的白蘿蔔，都發了芽，長出了片片綠生生的葉片，有一個還抽出了嫩綠的長長枝條。這蘿蔔肯定是不能再當菜去吃了，但仍掉也不忍。於是便找了兩個閒置的花盆，澆了水後將它們分別埋了進去。我想，蘿蔔雖只是我們日常食用的蔬菜，但它們也是綠色家族中的一個成員。它們的葉是綠的，這正是我所需要的。我將它們一個放在陽臺上，一個就放在我臥室的電腦桌邊。這樣寫作讀書時，舉目便就可以見到滿眼的綠色了。

開始的時候，還並沒有想到它們會開出這樣靈秀美麗的花兒。我只是想讓我的居室中多一些春色罷了。

一個早晨，我照例去給陽臺上熬過了一個冬天的花草們澆水，蘿蔔也在其中。我當時並沒有感到什麼異常，因為在早春的天氣裡，陽臺上的那些紫羅蘭、滿天星們，都還在沉沉的睡夢中沒有醒呢。但我的意識中卻隱隱感到有什麼東西醒來了。我回頭仔細的看，就看到了蘿蔔，那最先抽出的枝條上，開出了幾朵紫紅的小花。

這花有點細碎，每朵都由四片花瓣組成，中間是黃色的花蕊。有點像油菜花，只不過油菜花多是金黃色的。我將鼻子湊到花瓣近前，嗅嗅，但沒有嗅到香氣。我想，這花原來是沒有香味的呵。就在這時，兩隻蜜蜂不知從哪裡飛了過來，嗡嗡著向花瓣靠攏。我趕忙避開。看來，不是花無香哦，原是我的嗅覺不靈了。

此後的幾天，蘿蔔的花朵，就像競賽一樣的開放起來。枝條在不斷的拔高，變粗。花朵則一簇簇的連成了片，像紫色的雲朵在我的陽臺和電腦桌前飄蕩。在春日的陽光裡，不但蜜蜂來了，蝴蝶也來了。這些小東西不但在陽臺上飛舞，還不時的飛到了室內來探視。

呵呵，我的這個春天，就更像了春天。

蘿蔔，蘿蔔花。這是些在人的眼中常常被忽略的審美物象。但它們對於我開始變得重要起來。我知道了蘿蔔的生命，不單單是為了滿足人們的口和胃。它們還有別的使命，它們也有美麗、浪漫和愛情。招蜂引蝶，佈置春天，它們給了我不少的好心情。

為了感謝，我寫下這些文字。當它們有一天終於凋謝，終於在輪迴中消散時，我的這些文字或可成為它們的紀念碑。這些微不足道的生命，以及所以微不足道的生命，都是有開花的理由的啊。但願每朵花都不朽，每多花無論貴賤都有權利留芳人間。

巫家溝

人是不能終日忙碌的，要在一段忙碌之後，出去放鬆一下。於是我在一個旅遊網上，向網友打聽，成都附近有什麼地方好玩。有個名「山參」的網友建議我去巫家溝——離成都不遠也不算近的一個小山村。他說那裡是他的家鄉，現在都搞起了農家樂，環境安靜，民風淳樸，山青水秀，是一個難得的好地方。

於是在一個晴好的下午，我先是乘長途汽車，後來又換乘了一輛中巴，向巫家溝行進。一路上，我貪婪地呼吸著帶有泥土氣息的空氣，還不時的用相機拍下一些道路兩旁的農家景象。

這樣大約行進了兩個多小時，便看到遠處的樹影竹叢中，粉牆黛瓦在若隱若現，雞鳴犬吠之聲，也彷彿隨風入耳。司機說，巫家溝要到了。

和我同車的，還有一小隊人馬，他們也是來巫家溝玩耍的。一路上的相處交談，我們就熟識起來，他們熱情的邀我參加他們的活動。大概他們是事先聯繫好了的，所以一下車，該村的村長早已率村民迎候在村口的停車場上了，一通鬧熱的寒暄之後，村民們便把我們一個個招親似的拉進了自己家門。有一個同車下來被叫做小魚兒的女孩，很是有趣，一下車就纏了村長，要求帶她去村頭的小溪裡捉石蟹，小魚，搞得年輕的村長不知為何竟藉故跑掉了。

他們一小隊人各自被帶走後，我也被一個叫小顏的姑娘帶到了一幢兩層的農家別墅裡。主人是個五十來歲的婦人，很憨厚的樣子，是那姑娘的母親。後來得知，她們家就母女倆，小顏的父親年前病故，但卻給她們留下了一份不錯的家業。從我一進屋，主人就開始熱情招待，又是讓洗臉，又是給泡茶的。更想不到的是，我剛坐下喝茶時，那個叫小魚兒的女孩，竟也給帶到了這裡，我想，看來我想清靜是不太可能了，但又想，出來本就是散心玩兒的，一切隨緣就是，無須太過認真計較。不過，這裡燒的農家菜真是相當不錯，新鮮的木耳蘑菇，竹筍豆腐，還有老臘肉什麼的，第一頓晚飯我吃得從沒有過的巴適，還飲了一杯小顏說是具有山裡人家特色的泡酒。當然，吃飯時我向小顏打聽村子裡有無一個叫「山參」的人？她看了我幾秒鐘後說，不知道。我不由笑起自己來，那人用的是網名，村中人別說不上網，即便上網，恐怕也是「對面相逢不相識」呢。

晚飯後，村口響起了鑼鼓聲，小顏說：「是村裡的雙獅舞就要開始表演了，你們去看嗎？」我說去吧，就獨自的走了出去。到停車場那裡，這時已經成了表演場地了。村長說：「他們的舞獅隊還在一個外國的什麼狂歡節上得過一個什麼大獎呢！」果然，一陣急風驟雨般的鼓聲之後，兩條獅子並行而出，左突右翻，上跳下躍，威武生猛。更好玩的是，只見公獅和母獅在一番擁抱親熱之後，一隻小獅子竟然從那母獅肚中滾落而出，讓我們這些遠道而來的人大笑開懷。

舞獅結束後，村裡又在場子上燃起了篝火。一些人揮舞著螢光棒，大家跳起了莊鍋舞，大家手拉手的連成一個圓圈，圍著火堆蹦跳。村子裡還在火堆上架起了烤架，做著羊肉燒烤。一個村人站著烤架旁，像搖轆轤打水那樣的，搖著半隻羊。我看到小顏了，他和村長一起，手拉著手的跳。還有小魚兒，她在她的隊伍裡，如魚得水，歡快的遊著。

但山裡的夜還是有點冷的，一個多小時後，篝火已經不能再燃起大家的熱情了，於是大家四散了去。

山裡無論多麼的熱鬧，都是暫時的，寂靜才是永恆的本色。當我回到住處，房東開了門，將我領到二樓的住室中。看得出，這裡是經常有人來住的，和一般的旅館單間一樣，拖鞋水瓶鏡子口杯俱全，也收拾得很潔淨，只是洗手間是在樓下的，有些不太方便。

等一切安定下來，我站在窗前向外凝望。夜很靜，很深。這是城市裡沒有的。星星在山影樹梢間閃爍搖曳，每一個都好像孩子的眼睛，又亮又大，是城市夜空中星星的好幾倍。我不由想，我要是個山裡人該多好。但我明白，我沒有這個選擇的自由。

一個看似簡單的心願，在如今這個世界上，想要實現它卻會是無比的複雜。

第二天，吃了早飯後，我決定去看看離村子不遠的一個小瀑布和建在那裡山腰間的一座小寺院。

小顏說村長讓他負責好我的一切，問我要不要陪同，也就是嚮導？我想了想說，算了，就不麻煩了，要是到晚上我還沒回來時，麻煩你們在村頭點上一堆火吧，看到火光我就知道村子在那邊了。

山路崎嶇陡峭，通往瀑區的路，細小逼仄；一面是千迴百折的瀑布，一面是奇岩矗立的石壁，故而這條由細石巨岩疊成的羊腸曲徑，只能從樹梢頭繞，從山嘴裡鑽。一開始，我還想學一下古時的行吟詩人，緩步當車，慢慢地邊走邊欣賞美景。但到後來我的吟誦終於變成了喘息聲，實在是沒有辦法的事情，誰叫咱住在城裡平時連個爬山練步的地方都沒有呢。

扶壁上去，從山下的七連瀑一直到烏雲瀑，山是愈爬愈高，樹也更密更稠，路卻變得愈寬愈平了些。想不到，不多久竟柳暗花明，那座被當地人叫做雞鳴庵的小寺院，躍然眼前。

更令我一聲感嘆的是，那個和我同住一處農家的小魚兒，不知怎麼就在這裡的觀音殿裡，正跪在蒲團上崛著屁股叩頭呢，那樣的一副虔誠相，讓我禁不住不笑。我累極了，就坐倒在庵門旁的石凳上，一邊大口呼吸山野中的清淨空氣，一邊看小魚兒及那些香客遊人，也算是一卷不錯的山中圖畫。

這雞鳴庵在半山間，到絕頂的峰頭還有十幾里路，但從此處向下望，已經是縹緲凌空了。煙樹，雲溪，都在腳下。翠岩峰下的那些農家屋舍，更是如同畫卷上輕巧的幾筆勾勒，點綴出一種難言的意境來。

我是第三天上午離開巫家溝的。那時小魚兒和她的小隊人馬都已經先行離去。村長來到我的住處攀談告別。這個看上去像個高中生般靦腆的村中最高長官，一走進我住的這個農家別墅，我就看出來了，他與這裡的母女有著不同一般的關係。果然，我之後知道他成了這戶人家的上門女婿。而小顏在看到他向這個大門走來的時候，當時向我詭秘的一指說，看，你要找的「山參」來啦！

環翠峪散記

鄭州西南六十公里處，滎陽境內，有山名浮戲山。山中有峪，名環翠峪。

五月初的一天，與幾位朋友相聚，議論外出旅遊事。許暉說，環翠峪風景甚佳，可以一看。我對此曾有耳聞。顧名思義，環翠峪，應是一處四面環山，山山青翠的山中靜地。於是與乜也相約，次日前往環翠峪。如可能，就住上幾日，體驗一下「山居」的味道。

看山不是山

自鄭州汽車西站乘車，抵滎陽市，又在那裡換車，一小時後，漸見有一道一道的山嶺出現在眼前，一改平原氣象。汽車在蔥蘢的樹木間沿盤山公路向下滑，不久便馳入一片四面環山的平地。司機說，這就是環翠峪，又叫廟子，是滎陽市的一個鄉。在進入廟子鄉的一個關口處，設有卡，要車上人下車買票，每人二十元入山費。車上乘客呼嘯而下，四散而去。我與乜也正與司機詢談，車啟動，已進入卡內。司機說，帶你們進來，倆人買一張票吧，二十元。見我們不言語，就又降價，倆人十元，不能再少了。

車子開到一個山坡處，有一些平房和商店、飲食攤點。司機說，下車吧，到地方了。問他這是什麼地方？答：廟子。

沒多少遊人，但有許多摩托車在身邊呼嘯來去。車上清一色的青少年，衣著表情怪異。開始以為是攬客的「摩的」，後來知道這是鄰鄉的所謂「飛車隊」，在此作飛車角逐。又有一些三輪機動車，是攬客的。突突突冒著黑煙的怪物，四處狂奔。汽車、三輪、摩托……在窄窄的山道上橫衝直撞，塵煙飛揚，令我們躲閃不及。這哪裡是什麼旅遊景區，而是連鄭州郊區都不如的嘈雜髒亂之地。我與乜也趁假日來此，本想品味一下山中景色，呼吸點山中清靜的空氣。這時我們不由的四目相對，很有點上當受騙的感覺。於是就開始埋怨許暉，是他向我們推薦了這麼個破地方，真是看景不如聽景。

我與乜也商議，先找住的地方。若住的地方合適，就留下來；若不行，馬上打道回府。

連著看了幾家旅店，都不理想。於是我們試著看能否找到一間山民家的閒房，只要安靜就行。問了多家，都不行。我們於是沿著出山的路往回走。如再無合適之處，就只好乘車返回。這時就遇到了坐在路邊的老張，也才有了以後的「山居生活」和故事。

看到一片竹

當時老張正一身泥水地坐在路邊與一位山民說著什麼，我和乜也就走到了他們身邊。我問：「請問前面可有清靜些的家庭旅社？」老張就說：「你們倆要想清靜，就住我家吧。我家裡人都在外面，房子沒人住，閒著。」我看乜也，乜也說：「那就去看看再說吧。」於是老張就領著我們向北走，約有一里地，老張指著山嶺下的一排房子說：「喏，就是那裡。」

順著老張的手指看過去，那裡隱隱約約有一些房屋人家，在樹木掩遮之中。山嶺不高，卻是一派的蒼翠，遠看倒是不錯個地方。

老張領著我們下了路，穿過一片麥田，看到一條河。但河床中只有一塊塊鵝卵石，而沒有水。老張說：「今年太旱了，多年不遇。往年河中都有水，魚蝦多著呢。」過了河，往坡上走時，遠遠就看到一片竹林，雖然是大旱之天，卻依然青翠不減。我對乜也說：「有竹子的地方，便是宜居的地方，看來我們是要住下來啦。」乜也笑，老張也笑。這時才問老張為何一身泥水？他說，剛才他是下到全鄉唯一的儲水池中去看水了。水小，他往洞裡鑽，就成了這樣子。這廟子全鄉，就這一處還有水。這裡的水要是乾了，那就只有從鄭州往這運，可就真的水比油貴了。

過去我曾看過一部電影《老井》，知道山中缺水的情景。只是生在平原，住在城市，很少對此親身體會。今日此地，看來要對水的問題有個切身的認識了。

・老張的家

這個地方，從門牌上看是廟子鄉司莊村龍虎村民小組，有七、八戶人家，依山而居。若是雨水充沛，河水蜿蜒，倒真是個山清水秀的地方。

老張的家在龍虎村的最北頭，有七、八間混凝土結構的平房。沒有院牆，當然也就沒有大門。房前的一棵樟樹底下，有一位婦人在編著什麼。來到近前，老張指著說：「這是你嫂子。」接著又對那婦人說：「鄭州來了兩個朋友，你收拾兩間空房，要住幾天。先打點水來，洗一洗。」那婦人身邊用鐵鏈栓著一隻黑狗，見有生人來，立馬興奮起來，連叫帶撲，被鐵鏈拉得直立起來，也算是有了點歡迎的氣氛。

洗了臉，坐在院中，對著青山喝茶。畢竟是山中泉水，與城裡不同，有一股甘甜的味兒。我和乜也與老張商定，就隨他們吃家常飯菜，走時一總算帳交費。

‧山中的星星比城裡的大

老張夫婦收拾好了兩個房間，我和乜也先休息了一陣子，直到老張來喊我們吃飯。天已經黑了下來，雖說有電燈，但一眼望出去，四處還是黑黢黢的。我讓老張關掉院中的燈，抬頭看天，就覺得天比城裡的低，星星卻比城裡的大了許多。這當然是因為山裡空氣污染得少，夜晚也沒有城裡那麼多燈光的原因吧。於是，就有些驚喜和激動。

晚飯是玉米糝子稀飯，烙饃和一盤炒蒜苔。我們在老張的陪同下，吃得十分舒服，勝過飯店中幾百元一桌的酒席。古人說：要吃還是家常飯，要穿還是粗布衣。看來這真是樸素的真理。

大黑狗已經不再對我們吠叫，看到我們靠近它，就又擺頭又搖尾地喔哇起來，一副獻媚邀寵的模樣兒。我踱到那片竹林邊，傾聽夜風中竹葉沙沙的聲響。是這片竹子留住了我們。我的愛竹，當然是受了些古人的影響。什麼「始憐幽竹山窗下，不改清陰待我歸」；什麼「綠竹入幽徑，青蘿拂行衣」；什麼「何可一日無此君」等等。在城市居住，如居鴿籠，哪有種竹之地？多年來，只好將「愛竹」變為「畫竹寫竹」，也算是寄託一點思古之幽情吧。

聞聲不知名的山鳥

山中寂靜，夜間更甚，就聽到一種徹夜鳴叫的鳥兒，似乎就在房後山嶺的樹上。這鳥的叫聲並不婉轉悅耳，卻似哀痛啼喚，發出類似「哥哥——等——我——」樣的聲調。次日問老張，他說這種鳥就叫「喚哥」。一個古老的故事在山中流傳：有一後母欲害養子，就給養子和親子各一袋芝麻。讓二人去種。長出苗的可以回家，長不出的不准回。給養子的芝麻是事先炒熟了的。但作哥哥的養子和作弟弟的親子並不知情，因熟芝麻好吃，弟弟要與哥哥換，哥哥就換了。於是哥哥種的芝麻長出了苗，弟弟的長不出來。哥哥回家了，弟弟就在後面叫「哥哥等我！」後來，弟弟饑餓而死，化為鳥，就在夜間淒慘地啼叫呼喚……

我小時候也曾聽到過這個故事，沒有人會真的相信。但傳說卻一代一代傳了下去，比文人們正兒八經編造的故事更有生命力，這也許就是所謂的「民間性」吧。

還有一種奇怪的鳥聲，是我在此間的一個午後聽到的。很像知了，發出「知——了——知——了——」的聲音，也是在屋後的山嶺上。但肯定不是那種只有秋天才出現的知了，因為這還是春天呢。請教老張，老張說這種鳥叫什麼，他也不知道。山中樹多，林子大了啥鳥都有，人能認識多少？想想也對，人的見識與大自然的豐富相比較，確實是很有限的。

循著聲音，我登上屋後的山坡，試圖看清這鳥是什麼模樣。但我來到樹下，聲音便沒有了。一會兒，又在高處的一棵樹上叫起來。那是我攀不上的地方。

•山裡的孩子們

早飯後，正與乜也坐著閒話，就見一個紅衣小女孩在門口探頭探腦。讓她進來，不肯；問她名字，不說。後來讓猜，我和乜也亂猜一通，沒猜著，倒是被她送了我一個「瘋子」的名號，乜也也得了個「狗蛋」的雅稱。「瘋子」和「狗蛋」無能，只好求她自報家門。於是知道小女孩姓張名雪姣，是老張的侄女，九歲多，在鄉小學讀三年級。不一會，又有一個小男孩跑來，比雪姣小一些，長得虎頭虎腦，很有幾分漂亮，只是「兩道鼻涕掛前川」，多少有點煞風景，雪姣叫他陳孩。不久，雪姣與陳孩與我們打得火熱爛熟起來。特別與乜也，更是親密無間，一起爬山摘青杏，共同到枯河床上揀石頭。後來又來一個大點的男孩，十一、二歲，叫李國嶂。於是乜也便在老張的屋頂上開門授徒，教他們武功。摸爬滾翻，不一會就都成了土鼠泥猴。

山居數日，我和乜也都攜了紙筆，本意是打算趁清靜寫點東西的。但這幾個小傢伙自與我們熟了之後，就天天來玩，除了吃飯和晚上睡覺時回家，其他時間都在這裡。小孩子天性頑皮，清晨和中午，往往我還在休息，他們便爬到平房頂上，用磚頭敲擊。我穿衣出門，他們又一哄而散。由此也可看出山中孩子的課外生活是貧乏的，這與整個山區的貧困相一致。

我有點喜歡九歲的雪姣，使戲語要認她作乾女兒，她口中自然是不答應。乜也則喜歡上了八歲的陳孩，也要認他作乾兒子。不想陳孩的母親知道後，大為贊同。於是陳孩對乜也磕了三個響頭，喊了一聲「乾爸」。乜也則給了他二百元的禮金，這就算認了親。

晚上，陳孩的爸爸回來，請新認的親家吃飯，拉我作陪。而我對那個女孩，卻不敢再提相認的話了。摸摸身上不足二百元的家底，心想，等以後帶足了禮金再來，一定要將這個乾女兒認下。

可愛的與可怕的

在環翠峪與幾個可愛的孩子接觸，深感作為孩子的那份純樸和聰慧。他們一點也不比城中的孩子智商低，而且沒有城市孩子那種特有的「小皇帝」情結和孤獨症。但是，在他們身上，不，也許應該說是內心裡，卻有著一種與現代文明和愛心格格不入的東西，那就是殘忍，這主要表現在對動物和其他弱小生命的態度上。他們表現得那樣自然天成，沒有任何故意的成份在裡面。也正因為如此，才讓我更加覺得痛心與可悲。因為他們是天真無邪的孩子呀！

房東老張家中，除了有一隻狗外，還養著一隻小貓。那是一隻僅有幾個月大小可愛的小動物。它拖著一條繩子，在人面前咪咪地叫喚，像一個向大人撒嬌的小女孩。特別是那一雙藍幽幽的大眼睛，總能讓人生出許多的愛憐來。

但幾個小傢伙對它卻毫無愛意。我見到他們用力地抓它，或者故意用腳踩它的尾巴，甚至抓著栓在小貓脖頸上的繩子，提起來當「流星錘」去甩擲……特別是那個調皮的陳孩，更是表現出一種對可憐小動物虐待的高漲熱情。我不得不幾次將小貓從他手中搶救出來，抱進我的住室保護起來。小女孩雪姣似乎是出於女兒家天性的善良溫柔吧，較少參與男孩子的這種惡作劇。

我不由反省到自己在他們這個年齡，也曾幹過虐待甚至殺傷小動物的事情，在感到懺悔之外，更有一種沉痛。我相信，這些有悖愛心和現代文明的心理和行為，不應是我們這個有著悠久歷史的民族所固有的。但為什麼這些卻一直被延續下來，代代相傳，甚至在某種程度上還愈演愈烈了呢？只要注意一下每天的報導，就會發現許多為了一己之利而殘害其他生靈的事例。難道僅僅是因為貧窮嗎？不對的，印度並不比我們富裕，但那裡的人對其他生命卻如同對自身一樣充滿愛心和敬畏。

毫無疑問，孩子們是我們的未來。無論是國家還是民族，幾十年後都將由他們來主宰。我想，也許隨著他們年齡的增長，知識的豐富，他們從祖輩父輩那裡承繼來的殘忍終會被愛心所取代。也許，這將最終成為人類世界保持和平的基本依據。

但我還是無法消除我的擔憂。

環翠峪的由來

從老張那裡，我們知道了「環翠峪」的由來和它是如何成為旅遊區的。幾年前，鄭州大學歷史系一位老教授，不知何故來到這裡，發現這個四面環山，山青水秀叫廟子的地方，很有些旅遊開發的價值，於是就查閱資料，親自登山勘察，並撰成文章發表。這就引起了社會特別是當地官員的注意。山區貧困，要脫此帽子，辦旅遊似乎比別的更便當一些。何況在隔山相鄰的鞏義市境內有一「雪花洞」，新密境內又有「神仙洞」，正可以上聯下結。由此可知，「環翠峪」這個頗為詩意的名字，並非古已有之，而是應旅遊之需而生的。據說那位老教授後來臨終遺言，死後要葬在此處山上。於是還出現了三市爭葬老教授的事情，可見老教授對此地的旅遊開發功績之大。老張指著南面的山峰說，教授墓就在那上面，若想去看他可以帶路。也許當地人也把教授墓當成一個景點了，不知道教授生前是否想到過這一層。

看山還是山

浮戲山環翠峪，或者說是廟子鄉，沒有迷人的古老傳說和人文景觀，但自然環境真有些獨到之處。

一日傍晚，我與乜也隨意閑走，觀看山中的暮春景致。但見周圍群山，雖然算不得高峻雄偉，卻是綠蔭遍佈，雲氣暗生。山中村落田疇，散佈如棋；溝壑交錯，阡陌縱橫；時有牧牛的村姑，歌唱在坡頭；更有牧羊的老人，揮鞭於河灘……細細品味，頗有幾分陶淵明《桃花源記》中的況味。若是天公作美，下場甘雨，可真還有點「小橋流水人家」的雅致，那這裡可就真要成為一處令人留連的好地方了。

佛經上說：境由心造，情由念生。事實上對一個地方感覺的好壞，往往由一些先入眼簾的意象所造成。我與乜也下車後若不是遇到那麼一片髒亂混雜的場面，是不會立生去意的。後來若不因那一片竹林的留戀，也不會重新認識環翠峪。但有些話也如鯁在喉，想要說給那些旅遊區的開發或管理者們：要把旅遊的事情辦好，吸引遊客並留住遊客，一定要保持自然的清靜本色，少些污染，少些嘈雜少些人工的粉飾。多一點樸素，多一點詩性的創意。起碼得弄明白旅遊者來這裡想要得到點什麼吧。

從看山不是山到看山還是山，是一個自然回歸的過程，也是一個認識昇華的過程。

山中自有星如燈，山中自有花如潮。這不該只是想像中的東西，而應是一份讓山外人無法抗拒的誘惑才對。

峨眉山之行

1 預謀已久，終於出行

九月十八日，早上起床後，突然想去峨眉山了。

去峨眉山是我早就預謀了的行程，只是一直機緣不熟沒有去實行。現在決定離開成都了，峨眉山之行，就成了一樁不能不去了結的心願。再停停，就是「黃金週」，若挨到那時候去，會像趕集上廟會一樣，是我所從來不欲取的。而節後，我就得做遠行的準備，也便無心。惟現在是個恰當時節，天氣也在近了中秋的不熱不寒之間，更因為最近得了一筆稿費，足以充做遊資。於是，沒有告訴任何朋友，獨自收拾了簡單的行裝，從小區門口乘公交車，到新南門旅遊汽車站買了張去峨眉山市的車票，便開始了這次出行。

2最怕遇人不淑，還是遇上了

車行大約二個半小時，到達峨眉山市。這裡從行政區劃上說，歸四川省的樂山市管轄，峨眉山市是個縣級市。本來在事先查到的資料上，看到的是車子可以直接抵達峨眉山下的報國寺大門，從這裡買票上山，誰知道車停下來後，才知道是停在了一個臨時停車場。出了簡陋的停車場，幾個三輪車夫上來攬生意，說可以送我到去報國寺大門口的公交車站。人地生疏，在問了車價僅兩元的情況下，就上了車。反正就兩元，隨便也上不了多少當。如今世風日下，出門在外最怕的就是遇人不淑，被坑矇騙，所以不能不時時處處如步雷區，小心如鼠。

但兩元錢還是上了當。就在臨時停車場幾十米的地方，就是一個汽車站。

坐上了去報國寺的汽車，想這下沒事了，到那裡直接買了門票上山就得了。但到報國寺下車後，看到並沒有上山的地方。於是問一個一同下車的僧人，他說他就是報國寺的。便隨了他向山上走。走不多遠，突然路口處閃出一壯漢，說你要上山嗎？我說是。他說上山還要很遠吶，坐坐我們峨眉山的滑杆吧。我說到上山的地方，也就是買門票的地方多少錢？答說十五元。說話間，另有一壯漢已經拎了一副滑杆放到面前。心想反正也就十五元，就坐一回好了。於是就坐了上去。兩人將我抬起，向岔路口的另一邊晃晃悠悠的行去。我心中終是不放心的，在滑杆上便跟他們聊，問他們是根據什麼收費的？有沒有發票？他們說收費是按規定收的，每一滑收十五元，有專用發票。我又趕緊問，一滑是多遠，答說五百米。我再問到報國寺入山的地方有多少滑？答說這是去伏虎寺的，報國寺不在這邊。我立馬明白，雖然我一百個的加了小心，還是再次被矇。就立即叫停，但兩人卻不停的顧自在柏油的路面上晃悠著走。我說，我沒有錢的，你們再抬，我就跳下去了。兩人見狀，才不情願的停下來，卻說這已經超過五百米了，得按二滑付三十元。我心中一急，竟將老蔣的口頭禪喊了出來，娘西皮的，你們！兩人大概一時沒有聽明白我這個罵的什麼，但知道我狠狠的口氣是很生氣了，便相互看了下，就說，那就按一滑吧，十五元。我也不想跟他們糾纏，付了錢，另外向一位迎面過來的婆婆打聽。原來，所謂的報國寺入山處，並不在報國寺門口，而是在離報國寺還有兩里多地的「峨眉山旅遊汽車總站」。看來網上資料，有時也是誤人的。

便沿了剛才被抬上來的路，往回走。路過一處山崖上刻有「震旦第一山」和「峨眉山」的瀑布廣場，打聽著繼續又往回走了一里來路，才到了那個上山的車站。

3 雲霧中穿行，到了雷洞坪

本來，從成都到峨眉山市下車的時候，才不到十四：〇〇，這麼一番折騰，就到了十六：〇〇了。進站購了上山的車票，到高山區的雷洞坪，四十元。晚上就宿這雲端裡，明天再上到峨眉最高峰的金頂。

因為上山的人少，到了開車時間還只有四個人，所以司機不開車，說要等一個旅遊團。又在車上等了半個來小時。

終於開車了。大概在山中行了將近一個小時，才到了買進山票的「山門」口。門票是每人一百二十元，且要像犯人一樣的將身分證舉在胸前照像，像片就印在門票上，當然，肯定在他們的電腦庫裡，是也要留下一份備案的。

進了山門，再往上行，路陡山高起來，山霧也大起來，像棉絮一樣的彌漫漂移。幾個似乎是學了英語的女孩便嘰哩呱啦的洋洋地叫起來。等到了海拔二千五百米處的雷洞坪停車場，天已經完全的黑了下來。我們幾個散客被甩在一家賓館前，車子載了老年旅遊團繼續向另外一家賓館開去。

早有人上來拉客。一老闆模樣的男人，上來就要帶了我去看房間。我問標間多少價位？他說你看了房間再說麼。我就跟他去看。一套標準間，有空調電視，可以洗澡。我再問多少價？答說四百八十元。我轉身便走。他在身後就喊，可以打折啊。我說你也不要說打折了，給個最低價。他咬了下牙說，一百五十元。我說再少行不行？他說多少？我說八十。他搖頭。我於是徑直出門。他還在身後跟著，說這是很便宜的了，現在是節前的淡季。我是事先打聽了的，且有以往的經驗，一般淡季景區的星級標間價位，也不會超過一百元。

我剛出了這個門，便另外有一個男子迎上來，也是只管拉了去看房，不說價。是相鄰的一個標了兩個星的「民生賓館」。標間，但不開空調，不能在衛生間洗澡。原因是客人太少，中央空調不值當開，鍋爐也不值當燒，但可以在外面的公用洗手間洗澡。我問最低價，答一百元。

外面霧大天黑，什麼也看不見。算了，就這裡吧。

接著，問我吃什麼？我說吃碗麵好了。廚師說，你還是吃飯吧。我說我就吃麵，要素的，放青菜。廚師說，六元一碗，很不高興的進了廚房。

服務員問我第二天是否去金頂看日出，我說天不好，不去了，到八點再叫我好了。反正，我也沒有什麼急要趕，不如從容些。

4 山路上撿到彎月和朝陽

因為沒有空調，雖然老闆給加了條被子，但晚上睡下還是很冷。主要是這鋼絲床上好像沒有鋪褥子，上面蓋了兩條被子不冷了，但身下卻是冷嗖嗖的。只好將一條被子捲成筒狀鑽進去，但還是在次日凌晨三點多被凍醒了，再不能入睡。

到了清晨五點，房間門被敲響，服務員說，天晴了，去看日出吧。我還是不想去，想睡。但又睡不著，又冷，就在六點起床，六點半到服務台去，見一個服務員在那裡等我。她說人家都走了，你要吃麵嗎？我說不吃。到門外一看，天將亮，瓦藍的天上，一輪月牙，果然是晴的。就去背了包，退了押金。

出門不見一個人，便獨自向事先打聽到的上山路線走。從這個雷洞坪停車場，要爬三公里山路，才能到達上金頂的索道。

我剛往山上爬了一層樓那麼高，首先遇到一群出租大衣的人。他們喊我租個大衣，說山上很冷的，不穿大衣要感冒的啊。我也怕上去後會很冷，就租了。一百元的押金，租金是十元，下山交大衣時從租金中扣除。穿上羽絨大衣，便沿了梯階向山上走。路燈照得山路很亮，加上天快亮了，沒有原來擔心的路黑路陡的事情。其實，上山就像爬樓梯，開始沒有什麼，只是爬的時間一長，就開始心跳喘息了。

走不多遠，又有一處鋪子，一老婦人叫住了我，說山路很累，買根手杖吧，有十元的有五元的。見我不要手杖，就又要我買帽子，說山上冷，這帽子是可以蓋到耳朵的，才十五元。我說十元我要一個。她說你是我今天的第一個顧客，就十元了。於是，我撿了頂一把抓線帽，扣到頭上，繼續往上爬。再沒有一個人影了。路的一邊，是接連不斷的店鋪，但都是空的。

我並不急於上到金頂，也不急於去那裡看日出，所以就走一段停一停，喘息片刻。身上的大衣漸漸有點多餘，背上開始冒汗。

天越來越亮了。在一處山的缺口出，看到了開始淡藍的天際，一輪山月，還懸在那裡，很是生動，便取出相機拍了帶走。又走一陣，天大亮，東方朝霞初露。在快抵達上山索道的地方，有一處兩山相夾的開闊處，就看到朝霞正在變濃，如同大火燃燒。我便不再走，準備拍照。這時從後面上來兩個男青年。他們也在這裡停下，準備拍日出。

在我的感覺中，日出也好，別的什麼奇蹟景物也罷，最令人激動最有美麗遐想的，大都在這個等待的過程中，在欲出未出欲來未來的時候。等真的出來了看到了，其實也就平淡。

我所看到日出的位置，比峨眉最高峰的金頂，相差五百來米，氣象也許不同，但太陽卻應該都是那麼一枚吧。

5 接近金頂的路上，我寬恕了他們，也寬恕了自己

從索道上到金頂，大概要二十多分鐘。我租大衣，是因為擔心索道上山的時候，會很冷。我有過在其他地方坐索道的體會，山間風厲，很刺骨的。但這裡的索道，卻是完全封閉的雙人間，山風根本吹不到人。等我坐到裡面時，隨著纜車的上升，太陽的光明便普照到了滿山和我的滿身。

下了纜車，到金頂還有一段山路要爬。這裡路邊的店鋪，主要是賣早點的。我就在第一家店鋪那裡，要了一杯牛奶，兩個茶葉蛋。

再往上，其他的店鋪都還沒有開張。但接近金頂時，路面變成了工地。那裡大概是為了「迎黃金週」的到來，正在搶修道路，六人一組或四人一組的抬夫，喊著號子，吃力的往金頂上抬運石板石條。另有一些背夫，用川人特有的竹背兜，往上面揹運水泥等物品。我與一位正靠在路邊休息的背夫搭訕，先問候，後說你們背這麼重的東西爬山，很幸苦的啊。然後

問他背一趟收入多少？答說六元。他們真的幸苦，但天下人中，似乎他們總是大多數。

我在這些幸苦勞動著謀生存的人們中間走著，突然的，對於昨天在山下遭遇到的三輪車夫和滑杆抬夫，便有了完全的寬恕。他們騙人，僅僅是為了糊口，僅僅是為了能用汗水多換一點錢。他們也可憐。

但我當時的憤怒也是真的，是不能阻止的。我寬恕他們，也寬恕了我自己吧，寬恕我自己那小小的憤怒。

「黃金週」之前，幾乎是所有景區的淡季，所以很多景區都會趕在這時候修理路面、建築等。等我上到金頂後，看到華藏寺裡面也正在大興土木搞裝修，遊人幾乎進不去。這也是個經驗，若是想避開黃金週的喧鬧出行觀光，最好是在之後，而不是之前。很少有在節後搞修整的景點。

6雲端之上的金碧輝煌，佛像和寺院

金頂的確是峨眉山景之最，的確是金碧輝煌。

李白有首題為《題峰頂寺》的詩：

夜宿峰頂寺，舉手捫星辰。
不敢高聲語，恐驚天上人。

不知我們的詩仙是否寫的就是峨眉金頂上的這個華藏寺。從情景上來看，是有點相像的。一是因為中國的佛寺，基本都是建在山腳或山腰的背風處，極少建在山頂最高處的。峨眉金頂的華藏寺，是個很特別的例外。再者，李白是到過峨眉山的，留有在洗象池聽琴的詩句。

但此時不是夜晚，當然無法體會李白詩中的況味。陽光來得很強烈，照在騎象的四面普賢菩薩像上，真的是金光四射，光芒萬丈，分外的耀眼醒目。據說今天是半個多月以來僅有的一個好天氣。

華藏寺裡面雖在裝修進不去，但是，單單從外面看，也就夠輝煌的了。這個寺院，據說原來叫銅殿。我專門用手摸了，四面牆壁和壁柱，真都是用黃銅包裹了的。

用這麼昂貴的材料來建造一間寺院，我想我可以給出一個合理的答案，因為它所處的三千多米的高度和經常的雨霧天氣，會使其他的建築材料腐蝕朽垮，而銅是耐腐蝕的，包在建築物的外面，就像穿了件鎧甲。

但這樣的解釋，我還是覺得勉強。

我怎麼就覺得，這天低雲濃，金碧輝煌的地方，離佛的本意彷彿遠了。

7 平生第一次見到的雲海

我看到了雲海。

呵呵，這是我平生中第一次看到這樣氣象萬千的雲翻霧捲。且，這翻捲的雲團，就在腳下，在一個個聳立的山頭間。

我在金頂大概待了一個來小時。雖是三千多米的高處，但一點風都沒有。太陽的光線強烈，但並不烤人，只是身上穿了大衣頭上戴了帽子，還是有點熱了起來。但我沒有馬上就脫掉它們，一是大衣脫掉後拿著很麻煩，二是我要照相就覺得它們還有道具的價值，不然，我掏錢帶了它們，就會覺得太虧了些。

一個人出行，要想在自己滿意的地方留下影子，靠請人幫忙拍照是不行的。一是請的那人可能技術和美感都很糟糕，大好美景也給糟蹋了。二是我看好的地點或角度，是大多數人都不光臨的，人很難請。我一般就自己帶上三角架，可以很從容的自己來拍照。當然，拍得更多的，還是沒有人也沒有佛像的自然風景。

8頂端之後便索然

什麼事情到了頂端的時候，興味也就開始變淡，以至索然。

我前天是從峨眉山下坐車直接到二千五百米的高山區雷洞坪的，本來想住金頂的，但因為索道停了，只好住到半山。現在金頂看了，若是直接下山，也覺得太過了草。看看旅遊圖，交通可以直接到達的地方，是中山區的萬年寺。

於是，坐索道下山，又經過幾公里的山路，到了雷洞坪停車場。

9有時旅遊像逛街

這時是上午的九點多，下山的幾里山路上，每隔不遠就是一間幾間的店鋪，都開始營業了，全是賣旅遊紀念品、茶葉或藥材的。我當然不會在這些店鋪前停留。但身上租來的大衣已經不能再穿著了，只好脫下來捲成筒狀抗在肩上。這幾里的山路，感覺不是看景，而是在逛街。因為除了路的另一面是山峰，就真的和逛市場差不多少。

這時，大量是上山的人流，像我這樣下山的則很少。

到了雷洞坪停車場，買了張去萬年寺的車票。但開始沒有幾個人，司機就不開車，這樣一直等到了將近中午。

10我來看山不看佛

一個多小時後，車停下來，但那裡只是又一個停車場，要去萬年寺，還要乘索道上山。突然，我就覺得乏味起來。佛寺我見得多了，模樣大都雷同。至於拜佛，那不是我老南的活兒。佛在哪裡？他怎麼會住在如此人頭鑽動的鬧寺之中？

我在停車場邊的一個小飯店要了一個素炒竹筍，二兩泡酒，又要了米飯。這樣的吃喝完了之後，就覺得不用去坐索道不用去看那個萬年寺了。

本來，我就是來看山而不是看佛的。佛在我心頭，看不見，也不用看。

我在候車的長廊上，自拍了幾張背景是大霧中有山峰隱約的照片，又沿著索道一側的山路，向上走了一段，在一個路口，有幾個當地山民坐在那裡，問我是否坐滑杆？我說坐過了，不坐了。見一邊有條羊腸小徑，就走了過去。那大概是當地人在山上種植樹木莊稼時踏出來的。路上是尖滑的石塊，路邊的樹叢中，能聽到嘩嘩流水聲。又走不遠，竟然看到一眼直徑一米大小的水潭，但這潭子裡面的水是流動的，嘩嘩的很急。

我在這裡待了一會，用相機拍了段錄影。

開始下雨了。我不敢繼續逗留，便沿原路返回。在路過剛才的小路時，仔細向腳下一看，不由倒吸一口冷氣。在不到一尺寬的濕滑小路邊，被樹叢掩蓋著的竟是一條不知有多深又流向何處的暗河。若是腳下稍不小心滑了下去，那可就麻煩大了，說不了一條小命就給帶了去。

這是我峨眉山之行中，唯一沒按旅遊線路圖走的一段路，也是我最清靜，最覺得值當紀念的片刻時光。

11結束都是這樣的

接下來，是下山，等車，再上車下車。下山的時候，又開始大霧彌漫在山道上。但等下到山下的峨眉山市，卻是大晴天。

回到成都，已經是晚上七點。

再乘車回到住處，已經快九點了。
兩天的出行，了結一樁心願，如此而已。

第三輯

我與這個世界

賣炭翁

每天清晨的五點多鐘，在初夏的空氣中，賣炭翁的聲音便在樓下響起：「誰要煤？」「誰要煤球？」一聲連著一聲。如果他的聲音連續不斷，並漸去漸遠，就說明沒有買主；如果叫賣聲突然中斷了，就肯定是有人要買煤。一會兒，他的聲音準又會響起來。

賣炭翁的聲音有點蒼老，也有點沙啞。但他的聲音對我卻如晨鐘，無論是在夢中或是已經醒來，只要聽到，就會從床上坐起，開始一天的工作——讀書或寫作。因為我不能容忍自己在賣炭翁已經開始勞作之後，還躺在床上消磨時光。

幾個月前，我搬到了位於鄭州北郊這個叫黃家庵的村子裡，住在一座出租公寓的四層樓上。人要生活，吃飯當然是第一等的大事。其他的用品都具備了，還缺煤球。這天一早聽到樓下有叫「誰要煤」的聲音，便急忙下樓，見是一灰發黑面的賣煤人，站在煤車旁，一聲接一聲地叫賣著。我對他說要點煤，他連忙說：好，好！黑色佈滿皺紋的臉上竟綻放出一些的笑意。但我看到他有些佝僂的樣子，不免擔心他搬了沉重的煤球爬樓，是否吃得消。當他明白了我的這種擔心後，笑說：沒問題，吃賣炭翁這碗飯，還能怕爬高樓麼？只是每層樓要給每塊煤多加一分錢的……從他的話中，我卻彷彿聽到了白居易在《賣炭翁》中的兩句詩：「可憐身上衣正單，心憂炭賤願天寒。」賣煤人如何不知道樓高難爬，只是為多掙幾個糊口的錢罷了。

搬煤進屋，將煤球碼在了陽臺上，他看到我寫字桌上堆的書籍紙筆，眼中閃出亮光，望著我說：看來你是個學問人呢，比我們這賣炭翁要強多了！我就問他，何以要自稱「賣炭翁」呢？他說他從小也讀過幾年書，因為家貧，就沒讀下去，但勞動之餘，也愛讀些書，尤愛唐詩宋詞，所以白居易的《賣炭翁》是自幼就能背誦的，不想自己倒真成了個賣炭翁，只是沒有「伐薪燒炭南山中」……說著，臉上依然是笑。

以後的日子裡，有時在樓下碰上他，就喊他賣炭翁，他也隨口答應。漸漸熟了以後，知道他家在信陽農村，教過幾年小學，「文革」中還挨過鬥。現在家鄉依然很窮，許多人出來打工，他也就出來了，沒找到別的活，就幹起了賣灰翁……生意好時，一個月也能掙幾百元錢。「家裡沒有別的收入，我這幾個錢，可就成了救命稻草呢！」他嘆息著，但很快就又笑起來：「什麼活都得有人幹吧，對不對？都不當賣炭翁，你們燒煤就不方便了……」於是，我對賣炭翁這種無怨無恨的樂天態度，就有些感動。

不久後的一個週末，我應剛然法師之邀，到他主持的一間佛學講堂去為一批皈依的居士演講「正信與迷信」，因為在這些居士中，大多都認為信佛就是吃齋念經，燒香禮拜，甚至有的是抱著求消災長壽，求死後進入西方極樂世界，還有的是要佛保佑自己升官發財，生男生女……將許多世俗的願望擺在佛面前，奢望佛能予以滿足。

我向大家講了佛祖釋迦牟尼出家，修行悟道和傳道的經過，又講了禪宗初祖達摩西來面壁及六祖慧能和《壇經》中的故事。信佛就是信你自己。慧能大師說：「自性迷是眾生，自性覺即是佛……貪嗔是地獄，愚癡是畜生。煩惱是波浪，虛妄是鬼神。佛向性中作，莫向身外求。」佛教的根本，就是要人獲得認識生命及世間萬物的智慧，從而得到自性的自由和解脫……

演講結束時，正要走出講堂，有人喊：王老師！我回頭看，原來竟是賣炭翁。他換了一身乾淨的衣褲，手臉也不似平時那樣的黑汙了。他走到我面前，說：「王老師，你講得真好，讓我懂了很多道理……咱們住得近，以後我有時間了去找你，可以嗎？」

當然可以。從此以後，他便在晚上的一些時候，到我的住處，談論一些佛學方面的知識，他也從我這裡借一些書去看。有一次他對我說，若不是放心不下老母妻兒真想出家當和尚去，過一種清淨的生活。我說，出家是一種修行形式，不出家也一樣可以修行。其實佛教的道理，說深很深，說簡單也很簡單。許多東西，最遠的也許最近，最深奧也許最淺白。人沒有貴賤之分，在佛面前，人人都是平等的，人人都可以覺悟成佛……他聽著，竟用手抹起了眼睛。我看到他流出了真誠的淚水。

就這樣我們成了好朋友。當我告訴他，每天我都是聽著「誰要煤」的叫賣聲起床時，他有些不安起來：我是不是吵醒了你和別的人？我說不是你吵醒了我，而是對我敲著晨鐘呢，讓我不貪睡，儘早開始一天的工作。他卻喃喃地說：那我也一定吵醒了別人……

從那以後，他的叫賣聲便遲了許多，但我卻已經習慣了在那時醒來起床，因為那「誰要煤」的聲音，已經轉化成了我自性中的晨鐘。

弘波居士

認識弘波居士，是在一個朋友的聚會上。朋友將他介紹給我時說，你們會有共同話題的，關於佛教，關於禪靜，關於寫作。弘波是省會一家行業類雜誌的編輯，但他編的欄目，卻是「藝苑」和「名作欣賞」。自然而然，我成了他所編欄目的撰稿人。但那時他還不是「居士」，而只是一個對佛道氣功哲學宗教及生命科學都感興趣的雜家。他在大學讀的是哲學專業，所以在我們最初的交談中，便充滿了爭辯的火藥味。他那近乎鑽牛角尖的執著，既讓人佩服又讓人絕望。

有一次，他帶了幾本名叫《養生文化》的內部雜誌給我看，是北京某某生命科學學會主辦的。我當時沒有去看，因為我自認為自己還不算老，身體也還健康，養生之類的事情，與我還太遙遠了些。於是，那些雜誌就理所當然地被我放到一個角落裡，忘了。直到有一天，他打電話問我，我才想起來，就匆匆地翻出來看。不想一看之下，竟被吸引住了。特別是上面一些關於辟穀和人體自身禦寒的文章，令我大開眼界。文章說，辟穀和自體禦寒，是生命科學中既古老又尖端的研究課題，至今我們的醫學科學還無法徹底揭開其神秘面紗。我是個對新事物過敏的人，興趣馬上來了。我早就聽說有人可以許多天不進食，而精神氣力反比平常要好，弘一法師出家前好像就試過，那雜誌上更是列舉了不少的具體事例，還附有照片。後來我問弘波居士，你是否辟穀過，他說他已有過一些次了，每次少則一周，多則十天。於是我忍不住就也試了兩次，但第一次堅持了三天，第二次堅持了四天，就都因為有朋友訪問，不得不中斷停止了。但也就是在這不長的幾天裡，讓我體驗到，在人們與饑餓、寒冷的對抗中，重要的不是饑餓和寒冷本身，而是人們對其的畏懼心理。在我向弘波居士宣佈我要辟穀的時候，他曾平靜地告訴我，這只是一種簡單的生命潛力體驗而已，並非什麼神奇的東西，不可由此誤導了自己或他人。經此，我對弘波的一些言語行動，有了另一層面的理解。執著與隨緣，堅持與放棄，本來就是同一事物既矛盾又統一的兩個方面。我想，我們對他人，對世界，對自然，包括對我們自身的生命，其實瞭解的並不多。

一位哲學家說，人應該始終相信意志的力量。我想，這話是對的。有時候，意志的力量會巨大得令人難以置信。

弘波後來在我那裡認識了剛圓法師。也許是他與佛的緣分吧，他很快就和剛圓法師建立了類似於師徒的關係，並開始了十分虔誠的佛教信仰。就在我決定離開鄭州到成都去的時候，他告訴我，他要去受菩薩戒了。他與我不同，他是在認準了一個道理、一種信仰後，就會不顧一切地投入，去實踐。我不行，或許是經歷的事情多了，被人矇的次數也多了吧，我已經習慣了用不信任的目光，去打量這個世界上發生的一切。我不相信，並不是我不願相信，而是不敢相信。

皈依佛門後的弘波居士，開始了素食布衣的簡樸，連皮鞋也不穿了。朋友們說他變了，瘦了。我說他是形體瘦了，精神卻肥了。精神肥了，人自然也就變了麼。弘波居士供職的單位，薪水不錯，每月幾千元的收入，加上獎金什麼的，每年有幾萬元入帳。這在內地城市的工薪族中，可以說是相當高的了，但他的家裡卻沒有眼下城市家庭的時尚裝修和擺設，他本人是連手機都不用的。但他並不吝嗇金錢。當他聽說我想成立一個般若文化工作室時，問我需要什麼幫助。我不客氣地說，缺錢。他便毫不猶豫地解囊相助，使我終於可以實現寫作和研究的現代化了。在我的人生中，弘波居士是第一個在經濟上給予我支持的人，也是我第一次接受一個朋友的資助。我知道，這對我是一種壓力，是我在一般情況下不願承受的。當然，我也知道，這更是一種動力。每當我想要偷懶或放縱一下自己的時候，就彷彿有一雙眼睛在盯著我，讓我不安，讓我不敢。接受別人的幫助，也並不是一件輕鬆的事情啊，因為你從此有了一種負重在身的感覺。

現在，我已離開了故鄉，與弘波居士也隔著了巴山蜀水的距離。但是，我常常會想起他來，彷彿看到那個走在喧囂都市中的身影，雖然布衣，雖然消瘦，卻因為心中有了自己的信仰，而不再彷徨和猶豫。他的步子應該是堅定的吧，因為他有了自己的目標，所以腳下也就有了自己的方向和道路。

幸福和快樂，應該是屬於那些有了堅定信仰，明白了腳下道路的人吧。我想。

河畔精舍

沿鄭州市區主幹道之一的建設路向西，過西環路，便看到有一條河，這便是賈魯河。河畔有一村莊，名小京水。在村東臨河的地方，有一座院落，這便是我要說的河畔精舍。這是一座看起來很平常的院落。約一畝地的院子裡，有幾間平房。房子正中的一間，是佛堂。另有兩間居室，一間是精舍住持剛圓法師的居處，另一間則住著一位老居士，七十多歲的年紀，這便是剛圓法師的生母。老居士身體瘦小，但精神飽滿，慈眉善目，一副菩薩模樣。還有一間客室，是用來接待來客的。我便是那間客室裡的常客。

與剛圓法師相識，是在五年前。那時我倆同在一間佛學講堂供職，鄰室而居。有時一起聊天，有時一起下棋，有時也會在附近的街頭或公園散步。他是穿了僧衣出了家的僧人，我呢，雖是不穿僧衣，不剃頭髮，卻也素食獨身，與和尚的生活並無二般。他說你既然素食獨身，何不乾脆出家算了，也落個乾淨痛快？我就找出種種理由搪塞，無非是出家不出家都一樣啊，塵緣未了啊等等。其實，我的不出家，是我不敢。我怕我不能做一名合格的好僧人。我的幻想太多，我的欲望也如潮汐，我還有太多的所謂追求所謂事業不能割捨放棄。但是，這並不影響我和剛圓法師的友誼，我們從不以同道相稱，我們是朋友。許多同道之間不能說的話，我們卻可以毫無顧忌地聊。

從春到秋，我在那間佛學講堂大約待了半年。再見到剛圓法師，已是在他的河畔精舍了。據剛圓法師講，這原本是一位姓吳的居士，購置了要建別墅的地方，因一些情況沒能進行，就發心供養出來作了精舍。我說，你真是好福報啊，多好的地方！

這的確是一處好地方。雖與喧鬧的市區僅一河之隔，但卻頗有點世外桃源的味道。春天，滿院的油菜花開了，麥子也節節在拔高。到了四五月份，草莓又熟了。我是第一次看到掛在葉棵上的草莓，在綠葉叢中，一個個就如同花朵一般的鮮豔。不管是誰去了，老居士都會摘了新鮮的草莓來招待；夏天，月季、大麗花相繼開放，向日葵也對著太陽滿面的笑。於是，這不時有佛號聲傳出的精舍中，就佈滿了花香。各種鳥兒也來此聚會，特別是在清晨，鳥兒的叫聲就尤為悅耳動聽。

有時我們也會上到平房頂上，賈魯河就在一牆之隔的院子外。我想，如果要釣魚的話，只要站在平臺上將魚竿一甩，就可以了。記得有一天晚上，我們在平臺上坐著說話，突然想起一個在洛陽認識的朋友Lixia來，就打電話給他，他剛好在鄭州。於是，剛圓法師就駕著他的「弘法吉普」，將Lixia從住處接了過來。我又買了一捆啤酒，我們就坐在這星光下的平臺上，一邊喝酒一邊欣賞夜色水景。剛圓法師不飲酒，倒是不反對我們喝。不知不覺中，就已是夜半時分了。Lixia第二天還要上班，我們就又開車將他送了回去。那真是一種十分令人陶醉的聚會啊！現在想起來，還感到十分的親切。

秋天，院子裡的花生熟了，我們就開始出花生。向日葵也熟了，像一位思想者那樣低垂著頭。還有南瓜和梅豆，這時似乎更加生機盎然了，開花的開花，結果的結果，真是好不熱鬧。有的居士知道這時候要收花生，就趕了過來幫忙。其實，並沒有多少活兒可幹，大家不過是趁機在這裡聚一聚，看看剛圓法師。有什麼苦悶疑惑的事情，也就對他說說，聽聽他的開示和意見。剛圓法師是個開朗直爽的人，對人說話大聲大氣，從不客氣，有些老居士因此還有些怕他。可一旦與他熟了，就知道他是個說了就了的人，從不會與人計較什麼的。因此，他的人緣就特別好。

冬天，這裡就有些冷了。臨河的風一吹，沒有暖氣的房子裡可就有點坐不住人了，有時就只好坐到被窩裡去。但下雪天卻是好景致。院落裡一片的潔白，並且又比別處雪化得慢，可以飽飽地品賞雪景風光。但冬天我還是去得比其他季節要少，天冷，路遠，都可以作為理由。不過，有時為了有個安靜的地方寫東西，也只好不畏嚴寒地前往，靠阿彌陀佛來取暖。

我不是一個正式的佛門弟子，所以對佛事方面，就有些不太關心。我想那些前去拜佛求開示的人，在湖畔精舍看到的和感受到的，肯定是與我不一樣的吧。

已經很久沒去過河畔精舍了，原因是剛圓法師現在已很少在那裡住了。他眼下駐錫在省佛教協會。又聽說他的老母也回了老家。

湖畔精舍，不知現在誰是新的主人？真想抽空再去看看。那裡的草莓又該熟了，月季花也一定開得和往年一樣熱烈了吧。

一個人的路上

清晨或者夜晚，我一個人在路上走。

南方的天氣，在初夏的五月，是最好的。雨水充沛，樹木花草繁茂，各種叫不出名字的鳥兒，在河畔的闊葉林和竹叢中爭相鳴唱，空氣中彌漫著濕潤的花草氣息。

清晨或者夜晚，路上行走的人很少。我一邊走，一邊會想到許多的人和事；想到故鄉，童年。那已經遠去了的歲月，是永遠也無法找回來了。而我的故鄉，也只能在夢中才可以回歸。她不會是原來的樣子了，她早已改變；想到曾經與我相依為命的親人們，他們現在或因死亡而躲在一個我無法瞭解的世界裡，或因分離而各自天涯，在各自的日子裡快樂或憂傷；我也想到許多的朋友，他們如同晴朗夜空中的星辰，遠遠的在頭頂閃爍，散發微弱而清晰的光；還有愛情，那永遠讓人著迷的身影，我一次次像追求真理一樣追求她，她也一次次向我走來，有時相互擁有，有時只是相逢了，卻又錯肩而過。

幾十年的風雨，幾十年的坎坷，回首時只不過是一些閃爍不定的片斷。

我的記憶中，也許不僅僅是這些。我在一個人的路上，分明還看到了許多人。他們是和我一樣的，一個人走過了很多的路。

李白，這個狂放不羈的書生，他的一生也幾乎是消耗在了路上。一個一個的城郭，一道一道的山川河流走下去，他用腳步丈量著大唐帝國遼闊的疆土，在酒的微醺中，放浪著自己的歌喉。

杜甫，這個李白的詩友和兄弟，他們在開封的古吹台上相別後，就只能在詩歌裡相會。戰火將河南鞏縣人杜甫逼上漫漫路途，逼他歷經巴山蜀水的艱難崎嶇，躲入我現在所在的成都西郊。他說：「海內風塵諸弟隔，天涯涕淚一身遙。」他說：「白首放歌須縱酒，青春作伴好還鄉。」可是，杜甫啊，我的老鄉，你最後回到了你的中原老家了嗎？

我還想到了二十世紀初，中國的一位傳奇詩僧蘇曼殊，那個「還卿一缽無情淚，恨不相逢未剃時」的憂傷歌者。他的一生也全部在路上。日本，爪哇，印度，南亞的山島雨林，他的身影孤單而飄逸。他譯的拜倫的詩《哀希臘》影響廣大。他還是中國現代佛教小說的開創者。他的一幅《汾堤吊夢圖》，更是成為畫壇流傳不休的佳話。

也許，讓我感到最為親近的，還是那個近代法蘭西的靈魂，被哥德稱為「開始了一個時代」的人——讓．雅克．盧梭。他的一生是震撼世界的，是他率先發出了「人人生而平等」的呼喊聲，肯定人的價值，要求個性解放，對專制制度和教會的黑暗發出了強烈的抗議。他因為獨立不羈的自由思想，而理所當然地成為政府、教會和愚昧民眾的迫害對象。但他沒有屈服，他在《懺悔錄》中無畏地為自己作了辯護。他最後的著作是《孤獨散步者的沉思》，他是在寫作中死去的，在一個人的孤獨路途上，停止了他不屈的呼吸。

還有那個我一時忘記了姓名的美國詩人，他一生都沒有擁有過屬於自己的房子或者說家。他不斷地從一個地方走到另一個地方。他的一生都在路上，在各種交通工具和旅館中度過。他不是沒有能力為自己買一座房子，而是一意孤行地選擇了行走，選擇了「一直在路上」這樣一種生存方式。後來，美國政府鑑於他對文化藝術所作的貢獻，也鑑於他已年老體衰，決定免費為他提供住宅，讓他能夠定居下來以度晚年，但他拒絕了。就這樣，這位特立獨行的行吟詩人，在旅館和路途中度過了自己的一生，直到九十多歲時逝世。他死後，他的朋友為他整理遺物時發現，他一生的物質財富，就是一個簡單的行囊，行囊裡是寫作必須的紙和筆及簡單用品。而在精神財富方面，他給這個世界留下了大量優美的詩歌和隨筆。

是的，毋庸置疑，無論是中國或外國，也無論是現代還是古代，那些偉大的靈魂，他們都行走在一個人的路上。不是他們想要孤獨，而是他們不能不孤獨。世界可以不接納他們，可以不理解，不理睬，甚至敵視和迫害他們，但世界卻不能沒有他們。他們是世界的良心，是世界的光，是探路的人。世界因為有了他們，才有了色彩和聲音，才免於徹底的庸俗和墮落。

一個人的路上，總會有許多東西需要思想，有許多東西要去面對。

我知道我還不能進入那些聲名卓著者的行列，這有點為時過早。他們已經完成了各自的使命，將身影定格成路邊的雕像。而我，卻必須繼續走下去。在經過他們的身邊時，我會向他們問一聲好，打個招呼，然後揮手，繼續默默向前走。他們為後人紀念，但他們已經停止了呼吸的力量和前進的腳步。我暫時不為人知，這正是我必須繼續前行的理由和動力。我有我的使命，我將繼續的，是他們沒有的路。我將抵達的，是他們沒有抵達的目標。想到這些，我信心百倍，勇氣十足，將一時的挫折和困苦置於腦後，踩在腳下。

每個人的道路都將獨一無二，我將完成我必須完成的那一部分。我必須超越那些我所敬愛的人，因為我是後來者。這不僅僅是我的權利，更是不可推卸的一份責任。

當我坐在臨時租來的房間裡，將手放在鍵盤上，面對電腦螢幕寫作的時候，我也在想，若有一個相伴的人是否更好？但這是一件可遇不可求的事情。那與我相伴路途，攜手共行的人，一定是一個與我可以相互接納的人，可以共度幸福也可以共度危難的人。我知道，這個人一直還沒有出現。她也許只是一個虛擬的影像，在我還沒有抵達的道路前方，吸引我，召喚我，促我向前走。

在路上，一個人走，當然不是最好，但也不會是最壞。原因是，不管那個可以相伴的人是否出現，路都在那裡等著，你都必須去走。

幸福在心

那是一個夏日雨後的黃昏，我用自行車帶著兒子上街，行人還不多，街面低凹處還存著一窪一窪的雨水。從濱河路向大南門裡一拐，中山路向北是進入城區的一道斜坡路面，自行車快速地滑行而下，濕潤清涼的風迎面而來，只聽身後的兒子喊道：「啊，爸爸，我好幸福哇！」聽了這聲喊，我先是一怔，而後便開心地大笑起來。

幸福！是啊，幸福！記得不知是哪一位哲人說過：人類一切追求的最終目的，就是為了獲取幸福。世上不知有多少男男女女對她苦苦追尋，甚至前仆後繼，甚至拋了頭顱灑了熱血，不惜以生命作代價。然而，大多數人得到的往往不是幸福，而是苦痛和失望。

幸福是一個魔洞。金錢可以讓你富，權勢可以讓你貴。然而，金錢和權勢都不是打開幸福這個魔洞的鑰匙。所以富貴也就不能等同於幸福了。然而，幸福卻又是輕易可得的。我的兒子就是在我自行車短暫快速的滑行中，在那一縷的清風中，伸開雙臂抱住了幸福的脖頸。

幸福到底是什麼呢？許多人或許一問再問。其實，幸福什麼也不是，幸福只是一種感覺，是一種拈花微笑的禪意。同樣的一朵紅花，在不同的心靈中會引發出不同的感受。只有心地無私和知足常樂的人才會時時看到幸福在向他招手微笑。只有覺悟了人生真諦的智者才能在生活中時常滿足和舒暢，貪婪者永遠被關在幸福之門的外面。

杜甫在他的一首詩中說：「萬里橋西一草堂，百花潭水即滄浪。」杜牧也在他的《不寢》一詩中說：「莫貪名和利，名利是身仇。」詩人們在告訴我們：名利是貪不得的，身居草堂也一樣可以清心明志而獲取人生的真情趣。釋迦牟尼佛在臨終前所說的《遺教經》中，就要求他的弟子們，在修行中要自覺固守八大專案，即：少欲，寂靜，精進，不妄念，禪定，修智慧，認識和知足。我覺得其中的知足，是人生中極重要的一項。知足者，身貧而心富；貪得者，身富而心貧。所以知足的人才是世界上最富有的人，也是最幸福的人。也許有人會說這種觀點有些消極，讓人不思進取。其實這是完全不同的兩回事，也沒有爭辯的必要，只用李白的一句詩來作答就是：「笑而不答心自閒。」

其實也並非只有在古人和宗教中才能找到這樣的幸福觀。在當今風起雲湧的商品社會中，也不乏向自己的內心去尋找幸福的人。有一位叫藍藍的女詩人，就在一首詩中寫道：「幸福是一座草屋/是很久以前我的家／幸福是一座草屋／是時間的木門／向流浪的腳敞開著。」這和杜甫的「萬里橋西一草堂」很有點相似的情趣。但無論是杜甫還是藍藍，也都不是要向人們宣揚「草堂」、「草屋」比風雨無憂的宮殿或者現代設施的樓宇更好，更能給人幸福，而是表達一種超然物欲之外的寧靜和泰然。

幸福在心。

只要我們真正認識了生命的意義，而不把對名利的追逐當作人生的目的，那幸福就已經來到了你身邊。不，是在你心裡。

那你，也就是一個和幸福結緣的人了。

與一條沙皮狗的意外相遇

那是剛來成都的第二天，早上七點左右，ycl讓我與她一起去位於營門口立交橋下的菜市場買菜，剛進菜市場向裡沒走幾步，就有一條個頭很大，毛色黑白相間的沙皮狗向我撲了過來，在我身上又嗅又抓，卻沒有下口咬。我和ycl當時都下了一跳，急忙大聲喝叫，希望牠走開。旁邊一家肉鋪走出一個男人，大聲呵斥著走過來，將那狗趕跑了。但沒幾分鐘，那狗又從不知什麼地方跑了過來，冷不防從身後立起來用前腿抱住了我。我嚇得趕緊躲避，ycl和周圍的人也都為沙皮狗的熱情大叫起來，肉店的主人又過來將牠趕走。可是，當我們從菜市場買過東西走出來時，發現沙皮狗竟一步不離地也跟了出來。見牠沒有傷害我的意思，我也不再害怕，只是心裡感覺怪怪的。我說這狗恐怕是認錯人了，錯把我當成牠的主人了。ycl則笑說，我看不是認錯人了，牠的主人就在一邊，牠怎麼會認錯？這狗只怕與你有些別的聯繫呢。我不知道這狗會與我有些別的什麼聯繫，所以只管走路。但那狗就真的跟定了我，一會身前，一會身後地跑著。

菜市場離住的地方隔著一條二環路。正是上班時間，路上車流滾滾。我和ycl在一個路口亮起綠燈時，穿過馬路到了對面，當時沙皮狗跑到了我們的前面。等牠發現我們過了路時，信號燈已經由綠轉紅，車流開始滾動。我想，牠該不會過來了吧。不想，沙皮狗竟不顧一切地從車流中衝了過來。天！只聽馬路上一片急剎車的聲音，沙皮狗硬是冒著喪生的危險跑了過來。我真的有些感動了，不由伸手去撫它的頭，牠也將長舌頭在我手背上舔吻著。

一路跟隨，沙皮狗竟與我們一起上了樓。我住的地方有十來個人，沒辦法讓這不會講話的客人進屋。可是，待我們關了門吃飯時，它便在外面抓門。有人開了門，本來是要把它趕走的，牠卻一下子衝了過來，撲到我面前。這一下弄得一屋子正準備吃飯的人炸了營。我只好站起來對牠說，我們要吃飯了，你先到外面去等一會吧。說著把牠帶到門口，牠聽話地出去了。

吃過早飯，我想牠一定走了吧。可站在樓梯上向下一看，見牠正在樓下焦急地來回跑著，好像在等我。我回屋拿了塊饅頭下樓給牠吃，牠很激動地與我親熱著，但並不吃我的饅頭。我對牠說，回去吧，我不是你的主人，不但沒法收留你，也養不起你的。牠似懂非懂地聽著我說，卻一動不動。我又拍拍牠的頭，說，回去吧。我上了樓，牠沒有再跟上來。我在四樓的窗前看著牠，見牠在樓前又徘徊了半天，才掉頭跑掉了。

後來，我又去過兩次菜市場，但沒有再見到那隻沙皮狗，連那家肉鋪也沒再見到。

我不相信生命真的有輪迴之說，因為我沒有證據；我也不反對生命真的有輪迴之說，因為我同樣沒有證據。但這條沙皮狗的行為卻讓我難以理解。牠不可能認錯人，因為狗是動物中極靈敏的一種。那麼，是否在過去我已忘記的歲月裡，我曾經與牠有過什麼因緣？狗不能說人的話，我也聽不懂牠的語言，我們無法交談。所以，這將永遠是一個謎，我想。

我與這個世界

從某種意義或某個角度來說，我是一個孤傲的人，甚至有點狂狷。

我把自己作為一個部分，把存在於我之外的世界作為另一部分。事實上，我與我之外的那部分世界，並非毫無關係，而是互相依存，互相融合的。在我尚未來到天地間之前，據說這個世界已經存在很久。當然，這是借助於語言、文字或者圖像我才知道的。而在我消失之後呢？可能這個世界還會存在下去，但那時它就與我無關了，我不可能再知道什麼。

我也許會留下來一些東西，譬如一些詩歌文字，譬如姓名，但這些對於已經不存在了的我來說，不再有任何意義。寫到、說到或在某一時刻想到這些的人，是因為他們與之的緣分不盡而已。猶如李白、杜甫、白居易等，他們曾經在這個地球上存在過，而能夠證明他們存在過的依據，就是一代又一代用文字符號流傳下來的那些詩歌。這些詩在他們存在的時候，不知道都真實地為他們帶來了些什麼？後人寫他們，說他們，研究流傳他們，已不再是他們的需要了。他們無所得，也不會有所失。因為他們已是古人。其實他們的事情，他們的悲歡離合，酸甜苦辣，只有他們存在的時候，他們自己才最清楚，後人說的，寫的，都不過是瞎猜，或胡亂杜撰罷了。

我有時也是頗有自知之明的。我的世界，也就是從真正意義上來說屬於我的那一部分，是在我存在以後才開始的。這當然不包括兩種時間：睡眠或醉酒。前者每天發生而後者偶有所遇。事實上，睡或醉的時候，與死去沒有什麼本質上的區別，都失去了對世界的感知。所不同者，前者是可以醒來的暫時，後者卻是不能醒來的永遠。永遠到底有多遠？這就沒人說得清楚了。當我目不能視，耳不能聽，皮膚也沒了感覺的時候，這個世界對我就真的不存在了。也可以說，是我的無知覺才導致了世界對於我的消失。

「心空房無主，園閑草自生。」是我不久前回到我曾經生活了十五年之久的居所時所發的感嘆。我把這十個字題寫在屋壁之上，看是否有知音者給續出後面的十個字來，可惜至今尚無。這座二層樓的房子，前身是二間草房，後來草換了瓦，在前年左鄰右舍發起的「舊房改造運動」中，被迫負債改建。所經是非辛苦，可謂一言難盡。然而，房成之後，我已無心居住，隻身在異地漂泊，寄寓在一個又一個他人屋頂之下。這房子真正的主人，又是誰呢？不過是那滿園自得的野草閑花而已。

作為世俗中人，我也常有各種的欲望，想要擁有這樣那樣的東西，並為此吃苦受累，卻不知一切的一切，最終都是過眼的雲煙。人只能擁有自性和當下一點點的時間和空間，以及這有限時間和空間裡的一點點物質和精神，別的都不可靠。但怎樣才能正確地把握自性和當下呢？這便需要對人生和世界有一個清醒的認識，對生和死的大問題有一個覺悟。

人生，需要智慧。

我見到僧人們穿的僧鞋上，有六個洞。據說，這是要他們低頭時常起警覺，看破「六賊」（色、聲、香、味、觸、法），從而去除六種煩惱（貪、嗔、癡、慢、疑、惡見）。我覺得，不但是僧人，便是如我這樣的凡夫俗子，也是應該將人生中這些色相看破了的。這並非人們所說的看破紅塵，而是在更高一層境界上的積極進取。將手放開，把名利的繩索脫去，生命才能真正輕鬆起來。

「萬里長城今猶在，不見當年秦始皇。」這真是對世人的當頭棒喝。在反反覆覆的吟誦品味之中，我似乎覺悟了我，覺悟了這個世界。

獨自散步

晚飯後，我便走下樓去。在這個城市化了的村莊裡，我沒有什麼朋友，雖有一兩個相熟的人，但他們卻沒有散步的習慣，我也就只能發揚我堅持了多年的老傳統——獨自散步。

一個人散步，沒有可以交談的對象，自然是有點沉悶，有點兒形單影隻，因為這時在街邊路旁散步的，多是一對對年輕的情侶，或是一些步履不再矯健而相攜相扶的老夫婦。一個人如我這樣的散步者，是不太多的。但一個人散步，卻又有著許多一個人的好處。可以隨意地選擇或改變要走的路線，而不用與人相商也不用擔心別人反對或者不悅；可以隨處站下或找一塊石頭小坐片刻；也可以看看天空，有月亮時就可以久久地凝視著這千古一輪的月兒，想一些關於月的神話、傳說和科學探測；無月時仰望滿天的星斗，也別有一番的情趣。天上有一些星星，確是真正的「明星」，並且千古不變不滅，比之我們這個塵世中的那些「明星」來，可就要長久永恆得多了。你看那牽牛星，織女星，北斗星，黃昏星……千萬年了，還是那樣明明亮亮地鑲嵌在夜空中，讓我們從童年到老年，都注視著它們。看星的習慣和對星的知識，更多是源於我的童年。那時在鄉間，沒有電燈電視，夏天的夜晚，祖母便讓我掂出一張席子，鋪在打掃得乾乾淨淨的大門外的場地上。我便躺下去，祖母坐在我身旁，一邊揮動芭蕉扇為我驅蚊扇涼，一邊指點著天空中的星，這顆是什麼星，那顆是什麼星，還有那些不知傳說了多少年多少代的關於星的故事……我常常就在這對星的仰望和故事中進入了夢鄉……

但我最喜歡的，還是下雨。當然不是大雨，因為在大雨中散步，多少會讓人失之從容。而細絲小雨就不同了，路上街邊沒了乘涼或其他散步的人，路面和草木都是濕濕的，在偶爾投射的燈光中煥發著水氣光影。許多聲音都消失了，世界一下子就靜了許多也乾淨了許多，這時候的獨自散步，就是一種真正的享受了。可以撐一把小雨傘，雨絲落在傘面上和草木上的聲音，是那麼地美妙與和諧，讓人忘記了一切。什麼名利，什麼得失，什麼愛恨悲歡，這時都不再去想，只是緩緩地走，細細地聽。偶有一兩個忘帶雨具的人，在雨中急急奔走或把自行車騎得飛快，從身邊一閃而過，你不由得就會一笑。其實，他們是不必那麼急忙的。只是，這樣的和風細雨，畢竟不是每天都會有的，所以，這種雨中的散步，就和許多美好的事物一樣，可遇而不可求。

然而，獨自散步，除了鍛煉身體的意義外，更多的好處還在於思想。人在自由狀態的運動中，比正襟危坐在書桌前更利於思考和想像。有時你會不由自主地自言自語起來，似乎有一個看不見的人和你走在一起。事實上，這時你真的不是一個人，因為在你的心靈中，這時一定有一個人在陪伴著你。也許是一位紅顏知己，或者是一位忘年之交，不管他或她是遠在他國或已辭別人世，在你獨自的散步中，他或她就會出現在你身邊眼前。你們繼續著以前的話題，關於一首詩，關於一篇有趣的故事，你們交談著甚至爭執著……許多新鮮的念頭，也會像閃電一樣，穿過厚重的雲層閃耀出來，讓你感到震撼和眩目。確實，許多有價值的思想，許多的靈感，就是在這種獨自散步中產生出來的。在獨自的散步中，很少有孤獨的感覺。因為真正的孤獨是心靈上的孤獨而非形式上的孤獨。有時在節日，在晚會上，在人群中，你反而會感受到一種無法承受的孤獨。那是一種找不到朋友，也喪失了自在的自我之後的一種大孤獨。

這個夏天過去了一半，我已走遍了這個城市化了的村莊。它的每一條背街小巷，村子周圍的道路、林木和池塘，我都一次又一次地熟悉著。這裡沒有幾個認識我的人，我只是眾多在此暫且棲身的過客中的一個。處身在這樣一個陌生的地方，也很好，可以免去許多不必要的應酬和心理負重，也不必顧慮別人評論，因為我們相互都是陌生人，誰也不認識誰。對於不認識的人，一切的評論就都失去了依據和意義。

在異鄉獨自散步，是我在寫作之外的一件大享樂。

囚與困

在人的一生中，也許你循規蹈矩，夾了尾巴生存，處處小心謹慎，從不越雷池半步，因而與「囚」無緣，所以沒有過坐牢繫獄的經歷和體驗。

這說不上好，也說不上不好。

因為人生中的許多事情，不是你自己說了算，自己可以掌握的。有時身在屋中坐，禍從天上來，想躲也躲不過去。這只是對那老實本分，惟求平安的人而言的。

對於那些胸中懷有野心與壯志，不甘平庸，總想要改變點什麼，發現點什麼，創造點什麼的人，成為囚中之人，甚至把個思想的頭顱都弄丟了的，就沒有什麼好說或大驚小怪的了。

然而，另一個與囚極為相近的字是「困」。

這個字卻是一切在人世間生存的人，都不能逃避的。困難，困惑，困境……許多因困而生的情狀，擺在你面前，讓你在困字中走出來又走進去。要擺脫，實在很難。中國字實在是很有意思的。它的象形和形象，常常讓人不得不對祖先們的大智慧佩服得說不出話來。

囚字，從字的結構上看，是把一個人給嚴嚴實實地圍了起來。字是平面的，從字面只能看到一個人被從四面包圍了起來，沒有出入的門，或者有門也是緊鎖著的。實際上，現實中要把一個人給囚起來，是需要六個面的：上下前後左右。這叫立體。人被囚住，卻不見得就會死。但「困」就不一樣了。困從字面上看是一棵樹木被圍了起來。如果只是前後左右的四面牆，上可以接天，下可以著地。上接天採雨露陽光，下著地吸大地之乳，那就實在不是困了，而是保護。但如果這個圍也和囚一樣是立體的；上下左右前後，那「木」就沒「人」那麼幸運了。在無根無光的黑暗中，致死的可能性就很大。當然，這被圍起來的「木」，也並非實際意義上的樹之木，也還是指的人，只是說明困比囚更其兇險罷了。

人在被囚的時候，是最能平靜心情和勘破世事的時候。因為在囚之中，一切都不由你自己去主動去做主了，你面對的除了牆壁就還是牆壁。過去你擁有的一切，不管是帝璽還是帥印，是金錢還是美女，是愛恨還是悲歡，這時都「恰是一江春水向東流」了去，可思可憶而不可及了。你只能靜靜地等待，無論善凶，你都只能耐心去等待一個結局。

而困卻不同。人在困中，就無時無刻不在作著突圍出去的努力。所謂的「困獸猶鬥」，就是一個很好的說明。所以被困的人，在掙扎的過程中，希望離得很近，又很遠。這時的人，就很容易浮躁、絕望甚或被毀滅。

這或許就是囚與困不同的根本所在。前者是不再有什麼求取之後的勘破和平靜；而後者卻是在不甘心的努力中躁動、不安與掙扎。為了突破和求取而累而傷，最後不得不以生命作代價。

事實上，我們每個人的自由都是有限的。

有形或無形的東西，都是我們不可擺脫的束縛。房屋、院落、村寨、城市、國家、天地……以及制度、法律、條約、道德、習俗等等。

大小不等、形態各異的「囚」和「困」，這就是我們必須生存其中的「環境」。

在生活中，若以斗室為天地，就不免有時時處處被困的感覺。雖終日左衝右突，卻難以尋到出路；反之，若以天地為斗室，自覺為囚，便可以沉心靜氣，從容行居。

摒去了妄念和貪欲，在圍困中超越圍困，在囚禁中突破囚禁，才能抵達生命真正意義上的自由和解脫。

讓心靈安靜一會兒

許多時候，我們已經習慣了忙，習慣了讓自己像一隻陀螺，無休無止地旋轉著。不管是不是需要，我們都在動，都在奔波和攫取，卻很少坐下來想一想，我們到底需要什麼？我們做的這一切，具有什麼價值和意義？

今晨，就在我早餐前習慣地要看報紙和打開收音機的時候，卻突然將伸出的手停住了。難道這時候非要看報紙和聽廣播？這是必須的嗎？

通常，在清晨打開電腦工作之前，是我的早餐時間。我總是一邊將早餐擺到餐桌上，一邊打開電視或收音機，或是將一份早報攤開在面前。我明白時間就是生命的道理，又知道浪費時間就等於浪費生命。所以，我已非常自覺地苛求自己，不許浪費時間的一分一秒。但是，今天我卻停了下來。我對自己產生了懷疑：這一切真的是必須的嗎？為什麼連吃早餐的時間也要聽或看？我為什麼不能讓自己安靜一會兒？讓心靈不再因過度的承擔而疲憊？

一瞬間的疑惑與反思，讓我吃驚！我已經和許多人一樣，越來越不習慣思想了。因為思想需要安靜，需要心靈的空間和沉默。可我的心靈已經在日復一日的喧囂中，無法回復到可以思想的狀態。我還悲哀地發現，不知從什麼時候起，我的大腦，已經變成了一個中轉站，而不是加工廠。它不再習慣對各種資訊進行篩選、過濾，不再習慣進行思索與重組，從而把有用的東西找出來，變成自己的聲音和思想。是的，很久以來，我只是將外界的資訊通過各種途徑吸收進來，然後又原封不動地轉述出去。別人對我說真話的時候，我也對別人說真話；別人對我說假話的時候，我也對別人說假話。我幾乎成了一部只會轉述的機器，成了一部VCD播放器，完全發不出自己的聲音了。

可是，這不是我想要的生活。我的生命不可以在這種忙碌中消耗。我必須知道自己在幹什麼，知道我所做事情的意義和價值。我可以容忍自己做一個小人物，但卻不能容忍自己做個糊塗蟲。

我知道，我今天的反思是基於這樣一個事實：我的一個朋友死了。

他在眾人眼中是那樣的優秀，那樣的挺拔和英俊。他像一幅大師完成的畫，讓人看到了什麼是創造什麼是力量。但是，生命的脆弱卻經不住命運輕輕的一擊。他死於空難。這是現代人的一種死法，為了自由和速度。生前的一切，還彌漫在親人和朋友的記憶中，但社會卻很快忘記了他。社會決不會無緣無故去紀念一個死去的人，除非他的名字還會為這個社會帶來利益。這是一種殘酷也是一種必然。

每一個生命，每一種生命的最終結局，都是死亡與消失，這是茫茫宇宙的運行法則。不同的只是時間、地點和方式。還有什麼？哦，也許還有人們認為的價值和意義，可這只是人類自己的標準和法則。

從宇宙的角度看自己，很渺小；而從生命的角度看自己，卻又是唯一的。一個生命個體的存在與消亡，對茫茫宇宙和喧囂社會，也許重要，也許不重要，但對我們自己，卻是絕對重要的。因此，我們便有了存在與思想的理由和根據。

窗外正下著雨，成都是一個多雨的城市。

我一邊吃早餐，一邊聽著雨聲，一邊就想到了這一切。

有時候，應該讓心靈安靜一會兒，想一點與現實生活無關但卻重要的事情。

偶然

在一條位於城郊的鐵道邊，一位老人帶著一個八歲的小女孩，邊走邊說著什麼。初秋上午九點鐘的陽光，照在祖孫倆的身上，也照在鐵路邊的青草野花上。他們是從山區來，到城裡找女孩在這裡打工的爸媽的。小女孩帶著山野的氣息，在爺爺身旁像一隻歡快的小鹿，跳跳蹦蹦，總想掙脫爺爺牽她的手。她眼睛中充滿新奇，到處都有她感興趣的東西。高樓、汽車、公園，還有人們奇形怪狀的服裝和面孔，這都是她在山中沒見過的。

突然，她聽到身後傳來一陣奇怪的「嗚嗚」聲，回頭一看，是一個龐大的東西從遠處向他們飛奔過來。她在課本上看到過，這是火車。她大叫起來：「爺爺，火車，火車！」她一下掙脫了爺爺的手，向著撲面而來的火車迎了上去。

「玲玲，危險，你快回來！玲玲──」

小女孩也許太過好奇，好像根本沒聽到爺爺撕心裂肺的喊聲。她迎著疾馳的火車越跑越快。火車呼嘯著開過來，隨著「啊」的一聲叫，快速行駛的火車撞上了小女孩的頭部，幼小的身體像一件衣服一樣被拋出一丈多高，又向旁邊飄出五六米，落入道旁的小溝裡。

鐵路邊，小溝旁，那些剛剛還在和小女孩一起歌唱起舞的花花草草，這時濺滿了殷紅的血。一個幼小的生命，一朵還沒來得及開發的花蕾，就這樣在一瞬間從這個世界上消失了。

這是我在一家網站看到的新聞。文字之外，還配有大量的圖片。圖片上，小女孩躺在碎石散落的鐵道邊，頭部和上身被一件大人的綠上衣遮蓋著，只有兩隻小腳露在外面，像是睡熟了。她的爺爺，還有她的爸爸媽媽，都在突發的悲劇中陷入了無邊的深淵。特別是女孩的爺爺，他是親眼看著自己的骨肉在剎那間被一種神秘的力量攫住並帶走的。他的悔疚、悲痛和自責，將會怎樣折磨他生命中剩餘的時光啊！

這件偶然的悲劇，也在折磨著我。我心中同樣充滿一種無以排解的深深悲哀。生命是何等脆弱！我在心裡反覆質問：她為什麼會迎著火車跑去？是一種什麼樣的力量在牽扯著她？推動著她？而這又意味著什麼？

我想到一則古老的寓言：飛蛾撲火。

飛蛾為什麼撲火？因為它的生命中被造物植入了一種神秘的基因。蛾無法改變自己追求光明的宿命，雖然那光明往往是一口陷阱。難道人類的生命中，也同樣被植入了這種神秘的基因，當一種令自己新奇和激動的事物出現時，就可以不顧一切迎上去？

我無法回答自己的問題。但我知道有一種悲劇，它是偶然的，卻巨大而美麗，像一朵流血的花。

盲鼓手

那年夏天，我每天都要經過立交橋下的紫荊廣場。就在紫荊廣場門前，不知何時來了一個擊鼓的人。他看上去不算太老，有四五十歲的樣子，個子很矮，很瘦小。他更是個殘者，雙目盲了，五官也都變形移位。雙手也是殘的，左手剩兩個手指，右手三個。他的生活中一定發生過一場慘烈的災變。在紫荊廣場的一側，立著一個木頭的鼓架，一面臉盆大小的羊皮鼓固定在上面。他雙手各攥著一隻鼓槌，流星趕月般擓出一陣又一陣急促的鼓點。咚，咚咚咚，咚咚，咚咚咚咚……他將一張因醜陋而冷漠的面孔仰向城市灰濛濛的天空。那樣專注，那樣傾情，身子隨著鼓點一下一下地竄動著。那神情，哪裡是一個擊鼓的乞者，分明是一個面對千萬熱烈聽眾的藝術演奏家。

每天我都會在他的身邊停留一會，聽聽他的鼓聲，看看他的演技，在他面前的破鐵桶中，放進去一點錢，然後再繼續騎車趕路。後來，我離開了，不再經常從紫荊廣場路過，也就離那盲者的鼓聲遠了。有一天，在電視上看到某地舉行盤鼓大賽的場面，忽地就想起那個紫荊門前的打鼓人來。夏天過去了，秋天也即將過去，他還在嗎？

這似乎與己無關的問題，一下子抓住了我的心，想放下都不能夠。那打鼓人或者是前生與我有什麼緣分吧，我只好放下手頭的寫作，乘車去紫荊廣場。此時已是黃昏，華燈初上。然而，紫荊廣場前我沒有聽到那急促熟悉的鼓聲，打鼓人的身影也遍尋不見。我心中突地湧起一種不祥的預感。我走到打鼓人原來表演的位置處，現在是一個年輕的賣報人。我小心地問：「你知道這裡有一個打鼓的人嗎？他怎麼沒有來？」那年輕人古怪地看了我一眼說：「他不會來啦。」「哦？怎麼回事？他……」「他被車撞死了，是上星期的事。」

我在紫荊廣場前木木地站了半天。一個卑賤、微不足道的生命消失了。他承受的苦難也隨著他的形體一起，消失了，還有那激越撩人的鼓聲，都一起消失了。

盲鼓手呵，我不知道是該向你祝賀，還是該為你哭泣？

讓愛和善充滿心靈

那年夏天，我八歲。

一天早上，我從床上爬起來，剛走到堂屋門口，奶奶就在廚屋裡喊我，她說孬，看誰家的羊跑咱院裡啦？把它攆出去。我跳出屋門，到院裡一看，真有一隻小羊羔，白色的。大概生下來沒有多少天，就像小孩一樣，有些調皮，也有些貪玩。見了我，三蹦兩跳就跑到西院去了。那時候我和奶奶都住在鄉下，住著四座草房。宅院大極了，足足有兩畝地吧，分前院、後院和西院。前院和後院是各種樹木，西院是一片菜地，我爺種了許多蔥呀蒜呀菠菜呀什麼的。那隻小羊跑到西院肯定是去啃那些菜了，我就隨後追了過去。

那隻小羊果真在啃菜，我就從地上撿了塊磚頭去扔它。但它很機靈，一跳就跑開了，並且還拉了一串羊糞豆黑黑的在菜地裡。小羊從西院溜到後院又溜到前院，後來又折回來重新溜到西院。大門開著，它經過那裡幾次可就是不出去，也許是西院的菜地讓它有點留戀不捨，或者是想逗我玩兒。我一路追著它，清晨梧桐樹和石榴樹上的露水落下來，砸在我頭上臉上。我開始興奮起來，突然就想起我爺的那把軍刀。那是我爺幹北伐軍騎兵上尉時從部隊上帶回來的鎮宅之寶。銅鞘鋼刀，寒光閃閃。如果提著它追擊這個「入侵者」，一定會很威風。但軍刀壓在東屋我爺的床頭下，他不出門，我是不敢去動一下的。於是只好走進堂屋去取我的「長槍」。這是在一根木杆上綁了一根粗鐵絲，粗鐵絲的尖端，在石頭上砸扁了又磨得很尖很利的一種武器。那時，村子裡和我那樣大的男孩兒都有。

我從屋裡取出長槍，就雙手平端著，像一位土著印地安戰士那樣，赤足光身，向逃往西院的小羊發起了衝鋒。小羊似乎不明白這種武器的厲害，滿不在乎地一邊用嘴啃著菜葉，一邊靈巧地躲避。面對這個小東西，這個如一朵白雲一樣飄來蕩去的「敵人」，我鬥志猛增。連刺數槍，小羊都蹦跳著躲開了，並再次溜向前院。我幼小的胸膛此時竟充滿了那種叫作憤怒的東西。我開始用詭計悄悄地接近我的白色之敵，然後猛地把長槍投擲出去。小羊這次沒能幸運地躲開，槍尖刺在了它的肚子上。它在槍桿的衝力下，身子一歪，倒在地上。可還沒等我跑到跟前，它就又掙扎著爬了起來，繼續向前跑，那刺在它肚子上的長槍被它拖了很遠才掉下來。我從地上撿起長槍，繼續追殺。它又跑到了前院，身子有些搖搖晃晃，跑不動了。我持槍正準備再刺時，奶奶剛好從廚屋裡走出來，只聽她驚喝一聲：「孬！你幹啥呢！可不敢……」話音沒落，那隻小羊在逃到離大門口還有幾步遠時，就一頭栽倒了下去。它在地上掙扎了幾下還想站起來，卻沒成功，一會兒就不動彈了。我剛想走過去用腳踢它讓它站起來，一下子看到奶奶滿臉的驚慌，才知道闖了禍。小羊死了，小羊的主人馬上就會找上門的，那時候……

奶奶緊張地跑過去，從裡面扣上了大門，用手去拉那隻小羊。小羊眼睛圓睜著，可已經不行了。它白色的肚皮上有一個紅點點，因為槍刺很細，幾乎沒流什麼血。奶奶抹了一把臉上的冷汗，把大門拉開一條縫，走出去向四周看了看。夏日的清晨，太陽剛剛爬上村東邊的樹梢，村子裡很靜，大人們都下地幹活去了。奶奶顛著一雙小腳，極快地走進大門，雙手抱起那隻小羊，像懷抱一個嬰兒，輕輕把它放在門外不遠的溝沿上，又用手輕輕一推，它就無聲無息地滑了下去。溝下面是前街通到後街的一條小路，靜靜悄悄地沒有人走動。奶奶做完這件事，返回來上好大門，對我低聲喝道：「快回屋裡睡覺去！把你那啥破槍放在床下，不叫你可別出來啊……」

這就是我記憶中一次大的殺生。在我無知的童年和少年時代，還有過殺害麻雀、老鼠、蛇以及蟬、螞蟻等小生命的劣跡惡行。現在想起來，還覺得不可思議。我當時那麼小，怎麼就會那麼心狠手辣？竟將對其他比自己弱小生命的殘害作為一種快樂呢？也許，當時我處的時代，是一個鬥爭的時代，因此在我的血液中，從小就流動著一種殘忍吧。

我將發生在少小時候的醜聞寫出來，在懺悔與反省的同時，也是希望我的兒子和與他一樣大的孩子們，能夠以我為戒，愛護一切有情的生命，不去重複我的無知和殘忍，以免給自己以後漫長的人生留下追悔與隱痛。

我們現在太需要愛和善的教育了。

一個人的一生，童年和少年時候所接受的東西，往往會伴隨終生。只有在愛和善的土壤上，人們才可能遏制惡和私欲的膨脹蔓延。也才可能有愛和善的綠蔭，漸漸漸漸地，覆滿我們的心靈空間。讓愛照亮我們的道路吧，只有這樣，我們才能避開邪惡的陷阱。

過年

作為一個中國人，最為重要的節日，應該就是「過年」了吧。這「年」又幾乎是無法迴避，不能不過的。

在童年和少年時代，雖生長在貧困的農村，對過年卻是期盼的。因為過年的時候，可以不幹活，可以穿新衣，放鞭炮；可以吃到大肉，白麵饃；還可以走親戚，看大戲。總之，過年有著一連串平時沒有而又極其嚮往的享樂和熱鬧。待到成年後，過年就越來越改變了滋味。自從與我相依為命的祖父母逝世，在此後的許多年裡，我大多的時間是獨自一人度過的。對於意味著家庭團聚，親情歡樂的「年」，就成了心中的一種劫難。

對於孤獨中的人來說，節日裡是更孤獨的。

對於痛苦中的人來說，節日裡也更加痛苦。

但是，我也曾經擁有過和許多人一樣的那份忙碌和喜悅。那是在我剛剛建立了家庭之後，與妻子一起採購年貨，挑選衣物，準備走親訪友的禮品，出入於文朋詩友的節日酒會。後來有了兒子，就更有了一份過年的韻味和興致，因為，生活中充滿了許多實實在在的歡樂和希望。兒子的臉蛋是我的花朵，兒子的笑聲是最美的音樂。

然而，一切都很快成了昔日舊夢。我在一天早上，突然又重新退回到了一個人的孤獨和冷清之中。再後來，我選擇了自己對自己的放逐和流亡。

其實，我並不懼怕孤獨。如果能將自己的身心貫徹於寬厚寧靜的大自然之中，手上有一卷詩書，有一支筆一遝紙，縱是素衣粗食，遠離標誌現代文明的網路和交通，我也可以坦然地度過所有漫長的歲月。不幸的是我只能待在人群中，以自己的孤獨去面對喧囂的世界。

已經說不清有幾個年頭了，我的「年」是在大姐家中度過的。大姐代替著母親，給予我只有母親才可能給予的關懷。但我的心卻在大姐憐憫的目光中一次次受傷。為什麼我要這樣呢？為什麼我會這樣呢？我應該有屬於自己的「年」的。

本來我可以在人們過年時，去一處清靜的地方躲起來，譬如去一座寺院，譬如去一處什麼地方旅遊。但是，春節是我與兒子團聚的時候，我不能拒絕大姐一家對我的邀約。我雖無所謂，可兒子需要一個像家那樣的環境。

也許，我是可以重新再建立起一個「家庭」來的，用以盛裝與世人一般無二的節日和生活，但我的內心卻在固執地拒絕著。

我在苦惱中想到了佛陀，想到他在兩千多年前的默想與宣講。

他說：看破，放下，自在。

我明白，一切的過去，一切的現在，都應該去看破它。看破之後，然後放下。一切放下了，然後就輕鬆自在地去生活。道理清清楚楚，為什麼還會有煩惱？

這，也許就是人與佛的區別。

年，還是要一年年地去過，只要生命存在著。只是我要改變它，改變它的方式和意義。

一個哥爾達人的山林

故事發生在中俄相交的西伯利亞。

那裡是莽莽蒼蒼的山林。一隊由俄國武裝軍人組成的特別探測隊，在隊長維拉迪米爾的帶領下，行進在山林之中。山林深秋的夜晚，黑暗而恐怖。鳥獸的嘯叫，自黑暗深處驟然升起。篝火燃燒著，但士兵們卻不敢安然入睡。

這時，德蘇從黑暗中走了過來。他背著行囊和獵槍，手持一支鹿角狀的木杖。

他是一個孤獨的獵人。

他坐在士兵們燃起的篝火旁，吃著向維拉迪米爾討來的飯食。

他在第二天走在了士兵們的前面。也許是為了感謝那一頓飯食，他接受了維拉迪米爾的請求，擔任了這個特別探測隊的嚮導。

德蘇心地善良。在山林的木屋裡，他要求維拉迪米爾留下火柴、鹽巴和食物，以便後來的人得到它們，保持生命；

德蘇富有經驗。他看到人的腳印，就知道在此走去的是青年還是老人。從氣味就可判斷有什麼野獸在什麼位置；

德蘇自然淳樸。在荒野在急流在危機時刻，他多次救了維拉迪米爾的命。但他只是覺得那是一件自然平常的事情；

德蘇槍法準確。他一槍擊斷那根系著玻璃瓶且晃蕩不定的線繩。士兵們目瞪口呆；

德蘇身世淒涼。他的妻子、兒子和女兒，在一場天花中同時失去了生命；

德蘇……

德蘇最最重要的問題，是他對山林之神的依賴和敬畏。他的命運便在這依賴和敬畏中生成、飽滿並結束。

當維拉迪米爾帶著他的探測隊又一次來到山林中時，已是第二年的夏天。

德蘇彷彿是在等待著維拉迪米爾的呼喚。他們又一次在山林中相逢。他們已是互相思念著的老友。

德蘇依然走在士兵們的前面，但他命運中的悲劇卻就此開始。

一隻老虎。德蘇說，它在我們後面跟著。我們走它也走，我們停它也停下。

老虎。軍馬嘶鳴著，士兵們膽戰心驚。

德蘇對著黑暗的山林喊：你幹嘛跑過來，老虎你要幹什麼！你想幹什麼！我們只是趕路，沒有打擾你，你幹嘛跟在我們後面呢！山林中空間還不夠嘛！老虎！

在夏夜的山林中，士兵們圍坐在篝火旁。手風琴的伴奏中，他們唱道：

你是我帶著翅膀的鷹
你飛去那麼久
是我那帶著黑白翅膀的鷹
你飛去哪裡了那麼久
……
鷹在黑暗的遠處回答：
我在這山林中飛來飛去

這裡的一切都那麼寧靜……

德蘇坐在另一堆篝火邊，他也在唱。他的歌聲只有他和他在另一個世界的親人們才能聽到。

德蘇的歌聲中佈滿了記憶的碎片和憂傷。他的眼睛望向四周的黑暗，那裡藏著決定他命運的山林之神。

智慧的德蘇。苦難的德蘇。安詳的德蘇。山林的德蘇。

德蘇是獵人。他看到一種在河中喝水的動物盧迪奧瓦，被人無緣無故大量捕殺著，他大叫：這些壞人……為什麼要這樣啊！快把這些坑填住！

但老虎的影子又一次飄了過來。軍馬嘶叫中，德蘇和維拉迪米爾同時舉槍搜索。山林中再一次充滿緊張和恐怖。

德蘇看到了老虎。他對著老虎喊：聽著老虎！士兵們有槍的，快跑吧！

但老虎沒有跑，而是吼叫著向維拉迪米爾撲來。

一聲槍響。老虎消失了，而德蘇卻一下呆住。他扔下冒著硝煙的步槍，驚恐萬狀地跪在地上喃喃：我做了什麼呢？我殺死了老虎啊！

維拉迪米爾說：老虎跑掉了，它沒有受傷。

德蘇說：不，老虎總是在要死的時候才跑。現在我很害怕。

維拉迪米爾說：別擔心，德蘇。死老虎不會傷害你的。

德蘇說：康加會叫來另一隻老虎。康加是山林之神。

自那天後，德蘇變了。他變得愁眉苦臉，暴躁不安。德蘇的眼睛壞了。他嗅到了山豬的氣味，但他卻看不到。他用槍瞄向獵物，但他什麼也沒打到，什麼也沒看到。

德蘇悲愴地撲倒在維拉迪米爾面前的雪地上。他哭叫：我眼睛壞了！隊長！我今後該如何在山林中活下去呢！

渾濁的淚水，在溝壑縱橫的蒼老面龐上流淌，佈滿了畫面。

維拉迪米爾攙扶起迅速衰老了的德蘇，說：跟我去科哈巴羅維斯卡吧，我的家就是你的家。

德蘇卻在山林的黑夜中不斷看到老虎。老虎在他周圍轉來轉去。

德蘇喊：老虎來殺我了！

德蘇喊：我眼睛壞了！康加不讓我繼續住在山林裡了！他把老虎叫來了……

又一個冬天來臨的時候，壞了眼睛的德蘇離開了山林。他住進了隊長維拉迪米爾的家，住進了文明人居住的城市中。可是，這個老獵人，這個山林之子，他完全無法適應他陌生的城市生活。他向維拉迪米爾要求，他要回到山林中去，他只能在那裡生活。

但是德蘇，他死了。

他是被殺死的。在他返回山林的路上，在城市與山林的雙重邊緣處。

可殺死德蘇的不是康加，不是老虎。

畫面的紅土丘上，鹿角狀的木杖孤獨地挺立著。維拉迪米爾垂手站在一邊。

哥爾達人啊，德蘇・烏扎拉！

舅舅的選擇

趁十一放假的機會，我去看望已經年近古稀的舅舅，意外聽到一則新近發生在他身上的故事，驚嘆之餘，不由對舅舅的選擇由衷敬服。

舅舅的家在辛集老鎮一條古舊的街巷拐角處。臨街是一間門臉，門臉上掛著塊黑木牌子，牌子上是幾個油漆已經剝落的行書：石家茶坊。

舅舅的「石家茶坊」，在我的記憶中好像是一九八〇年代初開張的，距今大概有二十多年了吧。但舅舅告訴我，石家茶坊是一百多年歷史了。當然，中間間斷了好多年，但無論如何，都還算是老字型大小。據說那牌子上的幾個字，還是他祖父當年請鎮上的一位狀元公給題寫的呢。

但是，我回去見到舅舅時，他已經老了。

舅舅無兒無女，舅母也先他去了，他就一個人守著茶坊過活。舅舅的茶坊顯得舊敗，倒是和這個老鎮以及門前的老街巷很相襯。他每天就坐在茶坊裡的一把躺椅上，有客人來，就招呼一下；沒客人，就閉了眼睛靠在椅子上聽念佛機裡的佛號聲，他說這樣淨心。身邊的小桌上，是把紫砂壺，他不時順手抄起，抿上一口。反正來這裡喝茶聊天的人大都認得，都是街坊老面孔。再說，他老了，對他來說，生意沒了什麼好壞，他也沒太多貪求，賺的錢夠自己簡單花用就行。

舅舅的日子波瀾不驚，他大概就像一駕趕了好多路的馬車，現在就剩下了一件事，那就是順著歲月的斜坡，一日日向自己的終點滑過去。可他沒想到會有一件事好似憑空發生，又憑空打破了他的平靜。而他的小茶館，也一時成了遠近馳名的「名店」。

那是陽春三月的一天，一位古董商漫遊到此，來舅舅的茶坊喝茶。那人五十來歲，光頭黑衣，戴副墨鏡，看上去不太一般。那人在茶坊裡坐下，就把眼光在幾把老舊茶壺茶碗上掃描，最後就盯在了舅舅用的那把紫砂壺上了。他坐在舅舅身邊，一邊和舅舅說話，一邊把玩那把紫砂壺。當他看到茶壺裡面那方「戴鎮邠」的印章時，臉色就變了。這戴鎮邠可是清代名家，他製作的紫砂壺名聞天下，為歷代藏家珍愛，是難覓之品，不想在此竟讓他遇到。不難想像這位古董商的興奮和激動。他當時就出價五萬元，要買舅舅的這把紫砂壺。

舅舅也吃了一驚。他只知道這紫砂壺是祖上傳下的，好用，水好喝，卻不知還這麼值錢。但舅舅說不賣。他已經不需要太多錢，他老了，錢多已沒什麼用。祖上傳下的東西，他用慣了，有了情感，怎能輕易讓人？那古董商見舅舅不賣，就加價。六萬，八萬，最後加到十萬元，舅舅笑了，說你別加了，我不賣，多少都不賣。那古董商見軟磨硬泡都沒用，就悶著頭坐了半天。起身走時，向舅舅拱拱手，嘴角閃出一絲笑來。

兩天後的一個雨夜，舅舅的茶坊就遭了賊。此前，舅舅的茶坊是從來沒失過盜的，因為誰都知道，這石家茶坊不是賺錢的鋪子。但那賊並沒偷走什麼東西，舅舅聽到動靜喊了一聲，那賊就逃了。可是隔了兩天，那賊又光顧了一次，這次把舅舅店裡的茶桌給碰翻了，茶壺茶碗落了滿地。舅舅心愛的幾把景德鎮壺碗，都讓這賊給弄碎了。舅舅腿腳不行了，也沒去追，但舅舅明白，這是那把紫砂壺惹的禍事。一星期後，那古董商駕著車又來了，還帶了一位女助手。這次他一副志在必得的架式，當著眾茶客的面，開口就是十五萬元人民幣，並把一沓沓嶄新的大鈔攞到舅舅面前的小桌上。那些正在喝茶的老鎮人，臉都驚得瓜了，不知道舅舅有什麼寶貝，這麼值錢？古董商就指著舅舅手邊的紫砂壺說，就是那把小壺。舅舅卻照樣躺在椅子上，說出兩個字：不賣。那古董商真是急了，又從密碼箱裡取出幾沓錢擱在桌上，臉上冒著汗說：二十萬！我出二十萬塊！我潑上了！老爺子，這行了吧？但舅舅還是兩個字：不賣。

舅舅的態度，不但古董商很懵，整個老鎮都懵了，驚動得鎮長都來了。舅舅把紫砂壺收起來，關了茶坊的門。因為全鎮人幾乎一夜間都知道了，開茶坊的石老頭，有件值二十萬元的寶貝。就都來看，一撥一撥的。又有一些平時相干不相干的人，也找了來，或攀親或認友。還有的更乾脆，直奔主題：您老可是大款呢，給您借點錢花，千萬別說您沒錢啊。

舅舅獨自對著那把用了一輩子的紫砂壺，長嘆一聲。

幾天後，老鎮人在石家茶坊的門臉上，看到一張告示。告示上說：各位顧客、街鄰，有欲觀看紫砂壺的，請到市里的博物館去。本茶坊今日起正常開張，歡迎各位光臨。告示一邊貼著捐獻證書。

有本地記者趕來採訪，問舅舅為何二十萬高價不賣，而將文物捐給博物館？是什麼思想主導您這樣做的？記者大概想問出些閃光的東西，但舅舅卻問了他一句：多少錢能買一份清淨？

記者無語。

我見到舅舅時，他還是閉了眼睛躺靠在那把老式躺椅上，手邊的小桌上，念佛機仍然念著佛號。不同的是，他順手抄起的，是一把新置的景德鎮紫砂壺。舅舅說，看，來喝茶的客人多了，我還新招了個徒弟呢。

果然，我看到一位比舅舅小不了多少的老漢，在幫舅舅照看生意呢。
後來我又知道，舅舅的這個徒弟，原是一個無家可歸的老乞丐。

墓碑上的微笑

清明節那天，已是黃昏時分，前來悼亡祭掃的人都離去了。公墓裡，一位中年男人還站在他新逝妻子的墓碑前，默默垂淚。墓碑上的女人微笑著，正溫柔地注視著他。這時一位老婆婆走了過來，對這位黃昏中哀傷的男人說：「是你妻子嗎？」男人答：「是。」老婆婆又說：「你以後每年清明節都會來看她？」「當然，我們感情一直很好，我……」那中年男人聲音哽咽著，打量了一下老婆婆，是一位頭髮已經花白了的老人。只聽老婆婆喃喃說：「她比我女兒幸福啊，她有一個這麼好的男人。」中年男人彷彿想起了什麼，突然對老婆婆說：「老人家，您是這附近的吧？如果可能，我想請您為我時常照看一下我妻子的墳墓，行嗎？我一定會好好謝您的。」老婆婆向他點了點頭：「好吧，我會的。」

從此，那老婆婆每隔一段時間就會去公墓，為那位中年男人妻子的墳墓打掃，擦洗，除草，並在墓碑前放上一束從家中帶來的鮮花，並且會對墓碑上微笑的女人說：「你真漂亮啊，你比我的女兒幸福。是你愛人託我來照看你呢。」

但是，第二年清明節的時候，那男人沒有來。老婆婆看著紛紛來去的掃墓人，心想，他一定是遇到了什麼困難的事情而無法前來吧，要不他怎會不來看望自己的愛人呢。可是，第二年第三年，那男人還是沒有來。第五年清明節快到時，老婆婆病了，病得很重，她把兒子叫到跟前，對他說：「我曾答應過一位先生，要為他照看打掃他妻子的墳墓，現在清明節快到了，可我恐怕無法去了，你能替我去做這件事，直到那個人到來為止嗎？」接著，她將幾年前自己的這個承諾告訴了兒子。兒子看著生命之燭在時間風雨中行將熄滅的老人，鄭重地點頭答應了。

清明節那天，兒子代替母親去為中年男人的妻子掃墓。但他卻遠遠看到在母親說的那座墳墓前，站著一位中年男人和一位年輕女子。當他走近時，聽到那年輕女子對男人說：「你看，你前妻的墳墓好像經常有人來打掃，還有人送花呢。你說你幾年都沒來過了，那一定是她的哪位情人常來看她的吧？」中年男人剛要說什麼，老婆婆的兒子走上前問那男人：「先生，你還記得五年前的清明節，你曾讓一位老婆婆替你照看你妻子的墳墓嗎？」中年男人困惑地看著他，想了半天，然後搖了搖頭。老婆婆的兒子又指著墓碑上的女子，對那位年輕女子說：「來看她和送花的，是我母親。她現在重病在身，所以才讓我來替她掃墓的。」接著他對那男人說：「你好健忘啊先生，多虧我母親沒有來。」

中年男人愣了一會，突然像是想起了什麼，他看了看身邊瞪視他的女人，又看了看墓碑上微笑的女人，口中喃喃道：「哦，哦，是我忘記了。」他急忙從口袋裡掏出一沓錢來，但剛才向他問話的人，已經走得很遠了。

墳地中的老人

第一次見到他是在一個夏夜。

我當時住在城東的一間公寓房裡，常常在晚飯後出去散步。我是在一塊荒地上看到他的。當時他正睡在一片墳地裡。那是一塊被開發商購置後還沒有開始施工的空地，野草長得有半人多高。草地中有一片土墳，墳地中有幾棵老柳樹。他就睡在一棵老柳樹下，周圍高樓的燈光和天上的半輪明月，將他和墳地渲染得迷迷離離。

我沿著一條若有若無的小徑走到他跟前。他躺在「床」上，也許是為了防止蚊蟲的叮咬，用一塊布單包裹著身子。我不聲不響地站著，他發現我後，與我對望了片刻就說：「坐床上來吧。」那是一種飽含了風雨滄桑的聲音。

我脫掉鞋子，坐到他的「床」上——由一些乾草、塑膠布和席片鋪成的長方形地鋪。在夜的平靜甚至淡漠中我們開始了交談。原來他曾是西北「八一農學院」的畢業生，後來分到一個建設兵團當技術員。再後來，一個偶然的機會，他開始把西北的特產販到中原，又將中原的物品偷運到西北。他說他在「文革」開始前，竟擁有了一筆在當時人們無法想像的私人財富——三萬三千元人民幣。六十年代的中國，那當然是一個天文數字了。這筆財富當然沒有帶給他什麼榮耀和幸福，而是另一些東西：「投機倒把分子」的帽子，萬人批鬥大會和十年徒刑。刑滿，遣回原籍，正是「文革」如火如荼的時期，他又無限榮幸地連續獲得幾頂當時最為時髦的政治花帽：壞分子，地主分子，漏網右派，現行反革命，勞改釋放犯，再次被判入獄。直到八十年代之後的一天，他才無不知所以然地出了牢門，雖是「無帽」一身輕了，但他卻早已華髮滿頭，妻離子散並無家可歸了。於是他選擇了流浪和乞討。北京，上海，深圳，廣州，成都，重慶……甚至還偷渡去過香港，但最後又回來了。他說他都六十多歲的人了，不想將一把老骨頭埋到遙遠的他鄉。

看著這個不同一般的流浪老乞丐，聽著他平靜的講述，我感到一種難言的悲傷和疼痛，甚至還有些憤怒。但我無處爆發和宣洩，我只能在鍵盤上，一下一下狠狠地敲，直到手指敲打得麻木了為止。

此後，我便常常在晚上去看他，聽他講自己的故事。他對自己的現狀很滿足。撿一些破爛，可以換一點錢，再用錢來買食品。有時可以直接乞討或撿到食品。衣物也大都是撿來的，洗一洗就可以穿用。他說這比坐牢好啊，自由啊！再不用「學習」和挨打了，而且還可以從舊書攤上買到很多便宜的書來看。

中秋節的晚上，我帶了月餅、酒和菜去看他。同在異鄉，同為異客，我想，我們應該有一千個團聚的理由吧。那晚我與他都喝醉了，就睡在了他的「床」上。

不知怎麼天就濛濛亮了，當我睜開惺松的醉眼，他已不見了，只看到一些破舊但乾淨的衣物掛在柳樹上，被風吹動著。我想，他大概是去撿他的「早餐」了吧。

冬天的時候我搬了家，便不再有時間到那墳地裡去看他了。

直到一個大雪之夜，我猛地就想到了那老人。他還在那墳地，那柳樹下嗎？這麼嚴寒的天氣，他該怎麼度過呢？

第二天，我乘了很遠的車趕過去尋找，看到那荒地上除了厚厚的積雪外，再無別的東西，連墳丘和柳樹也沒有了蹤影。

石頭記

那年阿津剛剛高中畢業參加工作，由於沒考上大學和安排的工作不理想，就特別浮躁和煩亂，看什麼都不順眼，經常藉故不上班，和一幫街頭閒人到處亂逛，喝酒，打牌，無事生非地找人尋釁打架，成了當地派出所裡的常客。家人和好友苦心相勸，阿津卻一個字也聽不進。就在阿津勢如破竹地走下坡路，大有破罐破摔勢頭的關鍵時刻，一個阿津平時看不上眼的「老頭」拉住了他。

他是阿津的鄰居，據說是一座大學的退休教授。阿津不瞭解他，也沒想瞭解他，只覺得這老頭兒挺神秘的，經常有人開了小車到他家來，弄些破石塊爛磚頭的搬進又搬出。一天，阿津在公司又和部門經理幹了一架，揚言「老子不幹了」後，就到街上和幾個夥計喝酒打牌去了。當阿津踉踉蹌蹌往家走的時候，那「老頭」叫住了阿津。他說，你能進來和我說會話嗎？阿津當時就笑了，說教授啊，是不是寂寞了？那我就陪你聊聊吧。人家國外雇人聊天可是要付費的啊。我們是鄰居，我就半費給你服務一次，怎麼樣？教授只是笑笑，說那好得很。阿津隨著教授走進他的客廳，看到四壁的木架上到處擺掛著古董字畫、石頭陶罐什麼的。他讓阿津坐下，端來一杯茶。然後，教授就坐到對面，看了阿津一會才說：我們是鄰居，我是看著你長大的。你從小可是個有志氣的孩子啊。阿津心不在焉地嘴裡啊啊著，心想這老頭兒要咋的？幹嘛戴高帽子給我先？只聽教授緩緩地說：明天，我想請你為我做件事情，你答應嗎？也許是阿津受了他剛才的誇獎，或者是自己的江湖氣發作，便不假思索地答應了他。

第二天，阿津一早來到老教授的家。老教授拿出一塊石頭遞給他，說你好好看看，這石頭與別的石頭有什麼不同？阿津看了半天，看不出有什麼特別。老教授說，我讓你辦的事情，其實很簡單，你把這塊石頭拿到廟會上去賣，要說這石頭的好處，看人家給你什麼價。只是有一點你要記住，就是不管對方出價多少，你都不能賣，要原物帶回來。阿津翻著眼皮問：既然不賣，幹嗎讓我去瞎折騰？老教授詭秘一笑，說你只管照我說的去辦就是，我給你報酬。

來到廟會上，阿津選了個地方把石頭擺在一張舊報紙上，大聲吆喝：石頭，石頭，好石頭誰要？吆喝了半天，總算有幾個人圍過來看。有個農民模樣的人問這石頭有什麼用？賣多少錢？阿津說這石頭是個寶物，要賣一百元。那問的人就撇了大嘴笑起來，說你這是寶物啊？還要一百元？哈哈，俺家壘豬圈用的都是這東西，我十元一塊賣給你，要多少有多少，你要不要？周圍的一夥人聽了，一起哄然大笑。晚上回去，見了老教授，將賣石頭的經過說了一遍。他說，哦，不錯。說著將一張百元大鈔放到阿津手上。「這是你今天的工資，明天還來嗎？」阿津覺得這比在公司裡掙工資划算多了，就說當然來啦，傻瓜才不來呢！

第三天，阿津又來到老教授的家，他仍然將那塊石頭交給阿津。這次他讓阿津去古玩一條街，還和昨天一樣，給什麼價都不要賣。不同的是，他將石頭裝在了一個有紅鵝絨襯底的木匣中，並給阿津一塊精美的方巾，囑他將匣子擺放在方巾上。在古玩一條街，這塊石頭身價倍增，竟然有人願意出五百元購買，後來有兩位港商競起了價，從一千港幣直飆升到一萬元。阿津驚訝得幾乎斷了氣，不敢相信這會是真的，急忙打電話給教授，但教授的口氣非常堅決，不能賣。阿津只好滿腹狐疑地又把那石頭帶了回去。這一次，老教授給了阿津二百元報酬，並說，明天你還來吧，你會有更多回報的。

第四天，當阿津又來到老教授的家時，他將一個古怪的石匣子遞給阿津，並將一張印製精美，有著中英日多國文字的卡片放進石匣裡，說這次要你去的地方，是寶石齋，那是城裡最有名的珍奇古玩店。在那裡，你會看到一個奇蹟發生。有了昨天的經歷，阿津對這老頭有點敬畏了，但也想不通這麼一塊破石頭還會發生什麼奇蹟。但還是照他的吩咐，來到那家寶石齋。店裡沒有顧客，只有一個店員在看報紙。阿津將石匣放在櫃檯上，他問是賣的嗎？阿津說是。他朝匣子看了一眼，臉上立馬現出一團驚訝。當他將匣子打開，看到那塊石頭和卡片時，竟不由自主地叫道：「啊，女媧石！」就見他慌忙抄起電話，向什麼人急急地說著什麼。而後，滿臉堆笑地忙將阿津讓到沙發上，又是上茶又是讓煙的，十二萬分的熱情與殷勤。不一會，店門外一輛黑色轎車停下，從車上下來一位氣度不凡的老者。那店員急忙迎上去，細聲向他說著什麼。那老者進來與阿津握手寒暄後，就開始仔細打量那石頭和卡片。許久，他才對阿津說：這位先生，是梁教授讓你來的吧？這女媧石可是他的命根子啊，是無價之寶，他怎麼肯出讓呢？請你轉告他，如果他有什麼困難要用錢的話，只要把這東西暫存我店，一百萬二百萬的都沒問題。

天！阿津只好目瞪口呆了！

就在阿津剛要帶著石匣回去的時候，又一輛小車停在了門外，老教授和阿津的父親一起從車裡走了出來。

阿津似乎明白了。

他對父親和老教授說：謝謝你們的良苦用心，你們讓我知道了寶石是怎樣煉成的。

BOD Books on Demand

哲學宗教類　PA0061

放下
——去繁就簡的人生

作　　者／南　北
責任編輯／蔡曉雯
圖文排版／彭君如
封面設計／陳佩蓉

發 行 人／宋政坤
法律顧問／毛國樑　律師
印製出版／秀威資訊科技股份有限公司
114台北市內湖區瑞光路76巷65號1樓
電話：+886-2-2796-3638　傳真：+886-2-2796-1377
http://www.showwe.com.tw
劃撥帳號／19563868　戶名：秀威資訊科技股份有限公司
讀者服務信箱：service@showwe.com.tw
展售門市／國家書店（松江門市）
104台北市中山區松江路209號1樓
電話：+886-2-2518-0207　傳真：+886-2-2518-0778
網路訂購／秀威網路書店：http://www.bodbooks.com.tw
國家網路書店：http://www.govbooks.com.tw
圖書經銷／紅螞蟻圖書有限公司
114台北市內湖區舊宗路二段121巷28、32號4樓
電話：+886-2-2795-3656　傳真：+886-2-2795-4100

2012年11月BOD一版
定價：370元

國家圖書館出版品預行編目

放下：去繁就簡的人生 / 南北作. -- 一版. -- 臺北市 : 秀威資訊科技, 2012.11
面； 公分. -- (哲學宗教 ; PA0061)
BOD版
ISBN 978-986-221-919-5(平裝)

224.515 101019445

讀者回函卡

感謝您購買本書，為提升服務品質，請填妥以下資料，將讀者回函卡直接寄回或傳真本公司，收到您的寶貴意見後，我們會收藏記錄及檢討，謝謝！如您需要了解本公司最新出版書目、購書優惠或企劃活動，歡迎您上網查詢或下載相關資料：http:// www.showwe.com.tw

您購買的書名：＿＿＿＿＿＿＿＿＿＿＿＿＿＿＿＿＿＿＿＿

出生日期：＿＿＿＿＿年＿＿＿＿＿月＿＿＿＿＿日

學歷：□高中(含)以下　□大專　□研究所(含)以上

職業：□製造業　□金融業　□資訊業　□軍警　□傳播業　□自由業

□服務業　□公務員　□教職　□學生　□家管　□其它＿＿＿

購書地點：□網路書店　□實體書店　□書展　□郵購　□贈閱　□其他

您從何得知本書的消息？

□網路書店　□實體書店　□網路搜尋　□電子報　□書訊　□雜誌

□傳播媒體　□親友推薦　□網站推薦　□部落格　□其他＿＿＿＿＿

您對本書的評價：(請填代號　1.非常滿意　2.滿意　3.尚可　4.再改進)

封面設計＿＿　版面編排＿＿　內容＿＿　文／譯筆＿＿　價格＿＿

讀完書後您覺得：

□很有收穫　□有收穫　□收穫不多　□沒收穫

對我們的建議：＿＿＿＿＿＿＿＿＿＿＿＿＿＿＿＿＿＿＿＿

＿＿＿＿＿＿＿＿＿＿＿＿＿＿＿＿＿＿＿＿＿＿＿＿＿＿

＿＿＿＿＿＿＿＿＿＿＿＿＿＿＿＿＿＿＿＿＿＿＿＿＿＿

＿＿＿＿＿＿＿＿＿＿＿＿＿＿＿＿＿＿＿＿＿＿＿＿＿＿

請貼
郵票

11466
台北市內湖區瑞光路 76 巷 65 號 1 樓
秀威資訊科技股份有限公司 收
BOD 數位出版事業部

(請沿線對折寄回，謝謝！)

姓　　名：＿＿＿＿＿＿＿＿　年齡：＿＿＿＿　性別：□女　□男

郵遞區號：□□□□□

地　　址：＿＿＿＿＿＿＿＿＿＿＿＿＿＿＿＿＿＿＿＿

聯絡電話：(日)＿＿＿＿＿＿＿＿＿＿(夜)＿＿＿＿＿＿＿＿＿＿

E-mail：＿＿＿＿＿＿＿＿＿＿＿＿＿＿＿＿＿＿＿＿